JN084915

労務理論学会誌　第30号・第31号（合併号）

人事労務研究の国際比較

――その動向と展望――

編集　労務理論学会
発売　晃 洋 書 房

はしがき

学務理論学会第30回大会は学会設立30周年の記念大会として福岡大学で開催される予定でしたが、新型コロナウイルスの感染拡大のため、自由論題のみを、オンラインでご報告頂くという変則的な方式で2020年12月6日（日）に開催されました。

2021年6月25日（金）から6月27日（日）にかけて開催されました第31回大会では、オンライン方式は継続されざるをえませんでしたが、第30回大会で企画されたものの実現することができなかった統一論題や学会設立30周年記念企画などに加え、第30回大会で問題提起されたコロナ禍と労働に関するセッションとしてのコロナ分科会、社労士セッション、書評分科会といった魅力あるプログラムが多くの会員の参加するなか実施されました。

6月26日（土）は、午前中3会場に分かれて6つの自由論報告が行われました。午後は労務理論学会創立30周年記念企画（「労務理論学会のこれまでの歩みとこれから」）が開催された後、2会場に分かれて社労士セッション、自由論題報告、書評分科会、1会場でコロナ分科会が行われました。

30周年記念企画では、先ず森川譯雄会員（広島修道大学）に基調講演を賜り、学会入会のころの思い出、学会創立メンバー海道進、木元進一郎、島弘、長谷川廣の4人の先生との交流、会長・会計監事としての取組・感想、学会のこれまでの歩み、今後の課題についてお話しいただきました。林正樹会員（中央大学）からは学会誌の市販化などについて、黒田兼一会員（明治大学）からは学会賞（研究奨励賞・学術賞・特別賞）や20周年記念『経営労務事典』の出版などについて、谷本啓会員（同志社大学）からは島弘会員（同志社大学）の学会へのご尽力についてご報告頂きました。

また、コロナ分科会ではコロナ禍における労務問題に注目した報告と議論が行われました。分科会では、山縣宏寿会員（専修大学）によりコロナ禍における労働者性を剥奪された働き方の現状と問題について、次に浦田誠氏（国際運輸労連）により新型コロナ禍における各国のプラットフォーム労働者の状況や労働組合運動の状況について報告が行われました。

6月27日（日）は、「人事労務研究の国際比較——その動向と展望——」の統一論題の下、各国の人事労務管理研究の動向に関する報告が行われました。山崎憲会員（明治大学）によりアメリカの研究動向について、五十畑浩平会員（名城大学）によりフランスの研究動向について、國府俊一郎会員（大東文化大学）により台湾の研究動向について報告が行われました。午後からは伊藤大一会員（大阪経済大学）によるコメントに続き討論が行われました。

最後に第30回・第31回の大会開催にあたり、コロナ禍のなか、報告者、コメンテーター、司会を務めていただきました諸先生方とプログラム委員会、理事会の諸先生方から賜りましたご支援に対して、大会実行委員会を代表して心より御礼申し上げます。

2021年10月20日

第30・31回全国大会

実行委員長　中 川 誠 士

目　次

職場レポート

書　評

統 一 論 題

人事労務研究の国際比較
――その展望と動向――

労務理論学会第31回統一論題
「人事労務研究の国際比較――その展望と動向――」
提案趣旨

2021年度の全国大会では、各国・地域における経営労務の理論的研究をサーベイするとともに今後の展望を見定めたい。「経営労務のアカデミックな理論的研究」、「internationalな広範囲にわたる経営労務の研究」は、本学会の発起人の１人であり、初代会長として推挙された海道進教授が「労務理論学会の創設にあたって」(『労務理論学会研究年報』第１号, 1991年）で最初に掲げられた重要な研究課題である。かつて国際的な規模で議論された理論研究、時として「経営学批判」といわれる系統にある研究蓄積には、例えば1974年に出版されたBravermanの『労働と独占資本』(富沢賢治による邦訳は1978年）に端を発する「労働過程論争」が挙げられるだろう。また、1980年代以降、当時新しいコンセプトとして提出された‘Human Resource Management’を巡って、それまでの人事労務管理との違いやその特徴を明らかにしようとする「人的資源管理批判」も挙げることができるだろう。21世紀に入り早20年、こうした国際的に注目されるような理論的な研究動向として何が見出せるだろうか。あるいは、それ自体の重要性は決して否定するものではないが、グローバルな競争の中で、個別化・多様化を進める現実の経営労務の有り様を細かく確認していくしか具体的な研究の途はないのだろうか。

かつての「労働過程論争」や「人的資源管理批判」は、主に英語圏で議論されてきたように思う。少なくとも議論の発端も参照される文献も、英語圏のものであった。しかし、グローバル化の進展とともに、英語圏以外の研究動向にも目を向けるべき時なのではないだろうか。本学会でも、これまでスウェーデン研究に真摯に取り組まれてきた会員諸賢からの貴重な諸報告は、英語圏偏重の研究動向に新たな視点を確かにもたらしてきた。さらに、アジア圏の研究動向の理解によって、もう１つ新たな視点を獲得できないだろうか。

あらためて経営労務の理論的研究、あるいは経営学批判の現状と課題を、各国・地域の研究に取り組んでおられる会員からご報告いただきたい。全国大会におけるディスカッションを通じて、国際比較の観点から理論研究の現状認識を出し合い、今後の展望を見つけ出したいと思う。それは、言語はそれぞれ違えど、日本の経営労務の理論的研究をグローバルな視点で、その位置や特長を確認するとともに、今後のあるべき方向性を模索する積極的な試みとなるだろう。

プログラム委員会としては、会員のみなさまに、自らが思い入れを持って研究に取り組んでおられる国や地域の理論的研究動向を包括的に概観できるような報告をお願いしたい。あるいは、各国・地域において注目すべき研究者やその理論を集中的・体系的に取り上げるような報告も大いに歓迎したい。こうした諸報告によって、理論研究を大切にしてきた本学会の特長の１つをいっそう輝かせるとともに、今後の日本の経営労務の研究に豊かなインプリケーションを残せるような大会としたい。

第31回全国大会プログラム委員会を代表して

山本　大造

1．人事労務管理の社会との連結の回復

──KaufmanとUlrichによる整理とプラットフォームビジネス下のHRM──

Remaking Social Consensus under Platform Businesses：
based on the HRM theories of Kaufman and Ulrich

山崎　憲　YAMAZAKI Ken

はじめに

本論は、「人事労務研究の国際比較──その動向と展望」というテーマをたどりながら、近年のプラットフォームビジネスの進展による人事管理のモデルを考察するものである。

人的資源管理、人事労務管理、労使関係、労働経済、人事経済。それぞれ起源を同じくする学問分野が歴史の経過のなかでどのように分岐し、そしてどこへ向かうのか。企業内の経営課題と企業外の社会との接点という２つの軸に大別されてきたところに、企業活動のグローバル化とAI（人工知能）やICTといった技術革新の影響といった近年の環境変化により、経営課題と社会との接点をつなぎあわせる必要性が生じているとするのが本論の仮説である。そのうえで、今後の人事労務研究の方向性を提示することとしたい。

仮説を導き出す先行研究は主としてKaufman［2014a；2014b］が行った整理とUlrich, et al.［2012］によるHR Evolution（HR進化）の整理に基づいている。

Kaufman［2014a］は1980年代から表舞台に登場したHuman Resource Management（以下HRM）が確固とした歴史的なフレームワークがなかったとして、米国に焦点をあてて労使関係、人事労務管理、人的資源管理を統合する形で整理した。

Kaufman［2014b］はHRMの国際比較から国際（International）HRM（以下IHRM）と比較（Comparative）HRM（以下CHRM）を取り上げている。IHRMは多国籍企業が行う国境を超えたHRM、CHRMは個別の国内のHRMがそれぞれ対象であり、IHRMが収斂（Convergence）、CHRMが多様性（Divergence）を持ちながらも、IHRMとCHRMの長期的な経過においては収斂に向かっていると指摘する。

Ulrich［2012］はHRMの進化を4つにわけたうえで、未来のHRMが企業外（outside）の人間関係、社会を企業内（in）に結びつけることが重要であるとする。この問題意識は、Kaufman［2003］における指摘とも通じるものである。Kaufman［2003］は損益や組織効率などの企業内に由来する問題と労働者の人間的関心、社会の倫理的関心といった企業外の問題との利害調整を行う必要性を指摘したうえで、労使関係論（Industrial Relations、以下IR）が企業外（external）、HRMが企業内（internal）として整理した。

山崎［2016］はこの概念を用いて、1980年代以降の国際市場競争の高まりのなかで労働組合の企業内志向が強まり、IRの持つ社会への波及効果が弱まることを指摘し、労働組合だけでなく、コミュニティ組織、地域住民、学校、環境保護NPOなどを利害調整の輪に加えることで企業外の視点を取り戻す必要性を提示した。

2000年代後半から2010年代にかけて、ICTおよびAI等の発達を背景としてプラットフォームビジネスが進展し、HRMにおいても新たな展開と国境を超えた収斂モデルが登場した。この動きはコロナ禍における在宅ワークのなかでも加速している。経済のグローバル化がもたらす国際市場競争の激化は経営環境の不確実性を高めることになり、複数の企業および個人が短期間のプロジェクトで連携するというネットワーク型ビジネスモデルが登場したことを山崎［2018］は指摘した。

ネットワーク型ビジネスモデルは、製造業分野における日本の企業間の連携をベースとしながら、短期間でネットワークの形成と解散を繰り返すという特徴を持つ。ネットワークにおける組織効率最大化のために、コスト削減につながる単純業務＝タスクはアウトソース、RPA（Robotic Process Automation）、個人請負の活用が進む。ネットワークは戦略立案や連携を担う中核的部分と単純業務を担う下請け部分に分離されるとともに、下請け部分はネットワークの組織効率最大化のために頻繁に入れ替わる。これにより上層と下層が固定化される可能性が高まる。

このような状況におけるUlrich, et al.［2012］の指摘するHR outside inは、ネットワークの中核企業における人材の企業外（outside）の人間関係、社会を企業内（in）に結びつけることになるものの、ネットワークの下請けに位置付けられた企業の人材のHR outside inを促すものには必ずしもならない。その分岐点は、山崎［2017］が指摘するTalent Oriented JobとTask Oriented Jobである。Talent Oriented Jobは連携や戦略立案など潜在能力を含んだものであり、Task Oriented Jobは職務が限定されたものである。Talent Oriented JobにはHR outside inが必要とされるが、Task Oriented Jobはその範疇ではない。この状況は、複数の当事者が連携するプロジェクト型のワークフローの導入に企業が向かう一方で、一対一の関係になりがちな直線型のワークフローがアウトソースもしくはRPAによる置き換えが進みつつあるコロナ禍の状況とも符合する。

ネットワーク型ビジネスモデルの進展が国境を超えたHRMの収斂をもたらすとともに、ネットワークの組織効率にとって中核的かそうでないかという二極分化が進む可能性のなかで、その方向からの脱却を目指すための方法がネットワーク全体にoutsideの人間関係、社会を企業内に結びつけるとともに、上層と下層からなるネットワークを構成するアクターの社会的対話を促す新たなHRMの姿を模索することが本報告の目的である。

I　統合されたHRMフレームワークとHR outside in

Kaufman［2014a；2014b］は、IHRMとCHRMにより国際と国内という２つの軸によってHRMの歴史的および理論的フレームワークの構築を試みたものである。

Kaufman［2014a］は米国のHRMの歴史的および理論的フレームワークを次のように提示した。

紀元前3000年から1880年が伝統的（Traditional）HRMの時代であり、1880－1919年の労働問題および近代HRMにつながるさまざまな起源が合わさり、1920年代にIRが登場する。

図１　米国HRMの歴史的および理論的フレームワーク（1920年代まで）

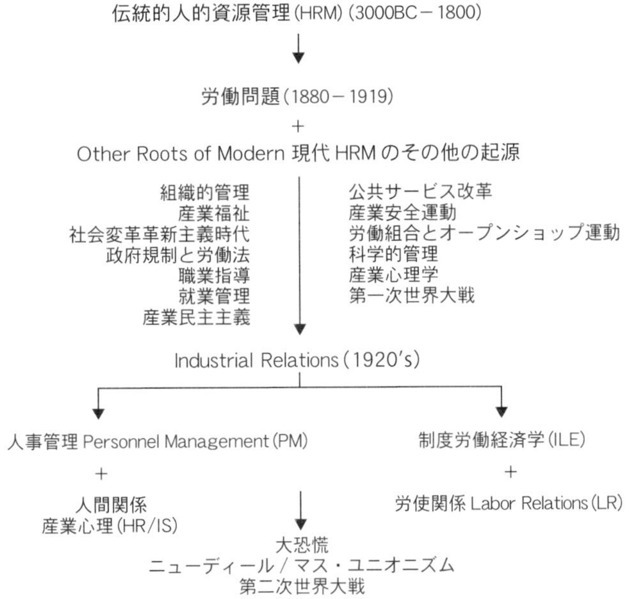

伝統的人的資源管理（HRM）（3000BC－1800）

↓

労働問題（1880－1919）

＋

Other Roots of Modern 現代 HRM のその他の起源

組織的管理
産業福祉
社会変革革新主義時代
政府規制と労働法
職業指導
就業管理
産業民主主義

公共サービス改革
産業安全運動
労働組合とオープンショップ運動
科学的管理
産業心理学
第一次世界大戦

↓

Industrial Relations（1920's）

↓

人事管理 Personnel Management（PM）
＋
人間関係
産業心理（HR/IS）

制度労働経済学（ILE）
＋
労使関係 Labor Relations（LR）

↓

大恐慌
ニューディール／マス・ユニオニズム
第二次世界大戦

（出所）Kaufman［2014a］．

IRは「人事管理（Personnel Management, PM）、人間関係論（Human Relations, HR）、産業社会学（Industrial Sociology, IS）」および、「制度労働経済学（Institutional Labor Economics, LE）と労働組合関係（Labor Relations, LR）」の２つの特徴をあわせもち、世界大恐慌とニューディール、マスユニオニズム、第二次世界大戦を経て、1950年代にIR世紀中盤を迎える。

IR世紀中盤には、PM、HR/IS、ILE、LRが要素となる。その後、1960年代に企業内（Internal）のPM、HR/ISと企業外（External）のILEとLRに分離する。企業内はマネジメントとのつながりが強く、HR/ISは組織行動（Organizational Behavior, OB）へと進む。企業外はIRとのつながりが強く、IRシステムへと進んでいく。

1970年代から1980年代になるとHRM、IR、人事経済学（Personnel Economics, PE）へと移行する。PMとOBによりHRM、新古典派労働経済学からPE、そしてIRと３つに分化することになった。

1980年代から2014年には現代HR分野として、HRMと戦略が合体して、ミクロには「HRM」とマクロには「戦略的人的資源管理（Strategic HRM）」に分化、IRと雇用システム（Employment System）が合体して「IR/Employment System

図２　米国HRMの歴史的および理論的フレームワーク（1960年代まで）

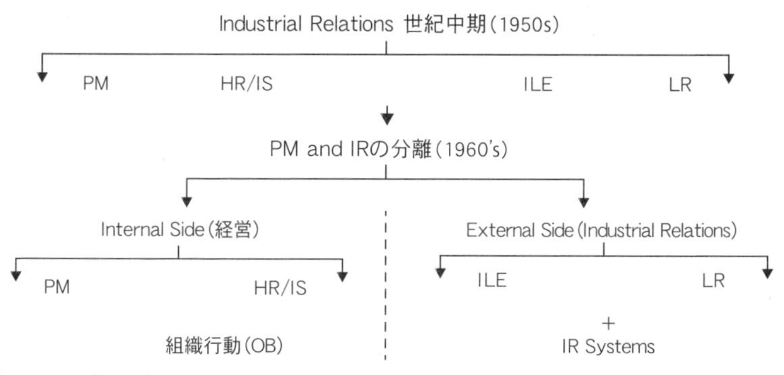

（出所）Kaufman［2014a］.

Relations（IR/ER）」へ、PEと組織経済学（Organizational Economics, OE）と新制度経済学（New Institutional Economics, NIE）が合わさり、「PE/OE/NIE」と4つに分かれたとする。

Kaufman［2014b］は、多国籍企業がIHRMによる現地化適合とグローバルな統合性を目指すのに対して、CHRMはドイツや日本のようにステークホルダーを重視するものから、米国のように高業績ワークシステム（High Performance Work System, HPWS）を駆使することで利益第一主義となり、SHRMなどを発展させたものまで幅が広い多様性を持つとする。そのうち、グローバルな統合性を目指すIHRMと米国に特徴的なHPWSには共通性があり、ステークホルダーを重視する国内のHRMと利害が一致しないものの、国際市場競争の激化とともに、多様性をもつCHRMがIHRMの方向に収斂するとしている。

Kaufman［2014a］による米国のHRMの歴史的、理論的フレームワークにおいて、企業外とのつながりを重視したのはILEとLR、および双方に基づくIR systemであり、1980年代以降においてもIR/ERおよびPE/OE/NEがその系譜を受け継いだ。

図3　米国HRMの歴史的および理論的フレームワーク（2014年まで）

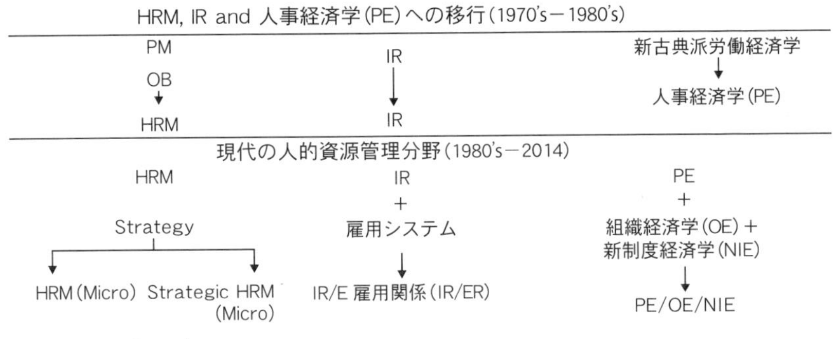

（出所）Kaufman［2014a］.

しかしながら、Kaufman［2014b］が指摘するように、CHRMがIHRMの方向に収斂する、つまりはHPWSに向かう企業内の問題を扱うミクロのHRMとマクロの戦略的HRMが優勢となることになる。その時にどのような問題があらわれるのかが重要である。

一方、Ulrich, et al.［2012］は「HR進化の波（Evolution of HR work in waves）」と称して過去50年間のHR職の担う職務の進化を描いている（**図4**）。

第一段階がHR管理、第二段階がHR実践、第三段階がHR戦略、第四段階がHR outside inとなる。そのうち、HR outside inは企業外（outside）の人間関係、社会を企業内（in）に結びつけることでHPWSを高めていくというものである。つまり、企業外とのつながりを活用することで企業内に資することを目的としているのである。その意味では、企業内側からの企業外へのアプローチということができる。ただし、その企業外がどのような存在なのかがここでは課題となる。つまり、企業にとって長期にわたり中核的な役割を担うことが期待されているのか、それとも短期間で単純作業を担うことが期待されているのか、と

図4　HR Outside In

（出所）Dr. Dave Ulrich - The Future of HR（https://www.youtube.com/watch?v=57PmDk73u7I）より抜粋。

いうことである。ここで視野に入れているのは、明らかに長期にわたって中核的な役割を担うことである。

Ⅱ　ネットワーク型ビジネスモデルの進展と雇用管理の変化

山崎［2020］は、ネットワーク型ビジネスを複数の企業と個人を結びつけることで競争力を発揮するものと定義づけ、戦略立案力、生産性と付加価値の向上､コスト削減によるネットワーク内の組織効率の最大化を目指すものとした。

ネットワークには、情報通信技術（ICT）とAIがネットワークのつなぎ目として使われる。ネットワーク型ビジネスモデルの原型は、自動車、鉄鋼、工作機械といった日本の産業にある。ネットワークの中枢には、全体の戦略を立案し、連携を促す企業が位置し、パートナーとして研究開発や販売、物流を担う企業やフリーランスの労働者と、二次・三次下請け企業が参加する。個別企業の内側ではひとりひとりの職務を重ね合わせることで連携を促進し、企業の外

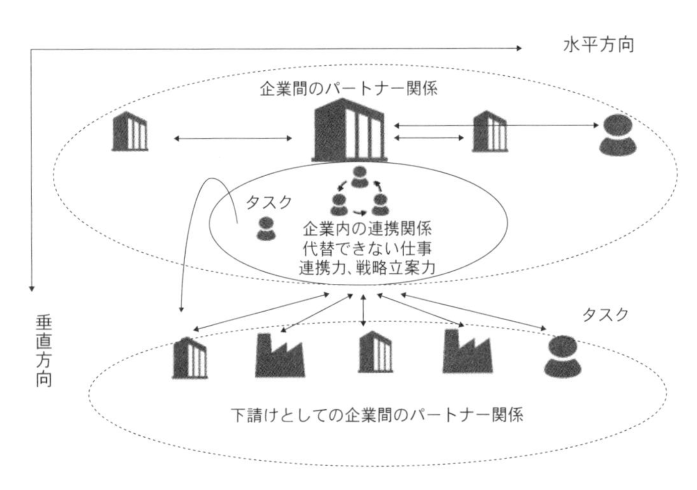

図５　ネットワーク型ビジネスモデル

（出所）筆者作成。

側では、複数の企業や個人請負労働者がアクターとなる。この日本型ネットワーク型ビジネスモデルを支えているのは、長期間にわたる専門的能力の育成と組織学習、長期雇用を促す報酬制度、労使関係と企業内コミュニケーションを通じた従業員間・部門間連携の促進であるとした。

ここにICTとAIを活用したものがプラットフォームビジネスである。プラットフォームとはコンピュータで使われる基本的なシステム（OS）のことで、プログラムやアプリケーションはOSがなければ動作することができない。製造業、買い物代行、配車サービス、在宅介護、保育、オフィスシステム、スマートシティ、モビリティ（交通）、金融、発電などさまざまな分野に拡大している。ネットワークの中核企業ではネットワーク全体が1つの有機体となるように、戦略立案、その上に連なる企業や労働者、顧客の連携を促している。参加する企業や労働者、顧客にとって、プラットフォームが必要不可欠となればなるほど、全体の戦略を描く企業に依存せざるを得なくなり、日本型ネットワーク型ビジネスモデルにおける元請け下請け関係と同様の構造となってくる。

ネットワークの中核に位置する企業とパートナー関係にある企業と労働者を水平、元請け下請け関係にある企業と労働者を垂直として、中核企業内の雇用管理および水平、垂直それぞれの雇用管理を山崎［2018］は次のように整理している。

① 専門性と同時に複数の部門異動により広範な知識と経験の獲得を促すことで，グローバルに活躍できる中核的業務に携わるパーマネント従業員、② 事業活動にとって継続的に必要とする専門性を高める従業員、③ 地域限定で異動がなく①と②を支えるパーマネント従業員、④ 経営環境の不確実性に対応するためのテンポラリー従業員、⑤ 試験的事業実施のための期間契約従業員。これら①から⑤がネットワークの中核に位置する企業およびその企業と対等の関係にあるパートナー企業における雇用管理である。ここに、ネットワークの下請けを担う部分として、⑥ M&Aによる買収と売却、⑦ 人材ビジネス企業を活用したアウトソースが連なる。

山崎［2018］では、日本型、インダストリー4.0型[1)]、プラットフォーム型でネットワーク型ビジネスモデル別職業訓練について整理している。

「ネットワークの中核を担う企業および水平的な提携関係にあるパートナー企業の従業員」については、日本型とインダストリー4.0型が企業内、プラットフォーム型が企業内もしくは企業外。「事業活動にとって継続的に必要とする専門性を有する従業員」については、日本型とインダストリー4.0型が企業内、プラットフォーム型が企業内もしくは企業外。「短期的なニーズに対応する専門性を有する労働者」については日本型とインダストリー4.0型、プラットフォーム型ともに、特別な職業訓練はない（なし）もしくは企業外。「アウトソースを担う下請け企業の従業員」については、日本型がなしもしくは企業外、インダストリー4.0型が公的職業訓練、プラットフォーム型がなしもしくは企業外。「単純労働を担う請負労働者」がなし（企業外)」については、日本型がなしもしくは企業外、インダストリー4.0型が公的職業訓練、プラットフォーム型がなしもしくは企業外。

これらの整理は日本型、インダストリー4.0型、プラットフォームビジネス型を問わず、ネットワークの下層に位置する労働者の職業訓練がネットワーク内のものとして捉えられていないとするものである。

ネットワーク型ビジネスモデルのもう1つの特徴は直線型からプロジェクト型へのワークフローの変更である。日本マイクロソフト社はウェブサイト上で2002年から取り組んでいる「ワークスタイルイノベーション」［We Work 2020］について詳細に説明している。「生産性・スピード・効率を目的」として、「仕事と役割があり、手続きがあり、段取り・プロセス・前工程・後工程があって、フォーマット化・マニュアル化」されている従来型の直線的なワークフローを「チーム・プロジェクト・コラボレーション、日本語的に言うと『三人寄れば文殊の知恵』」のプロジェクト型ワークフローへの移行がその内容である。前者は直線型であるために関わる人の数は一対一の関係となるが、プロジェクト型には企業内外を問わず複数の人が同時に関わることになる（**図6**参照)。

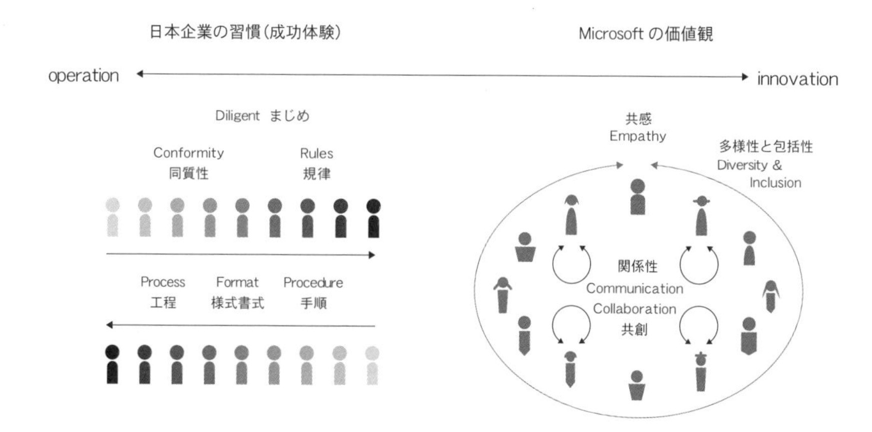

図 6　直線型ワークフローからプロジェクト型ワークフローへの移行

（出所） We Work ［2020］。

そのうえで、直線型ワークフローをビジネス・プロセス・リエンジニアリング（BPR）を通じて、業務委託、ビジネス・プロセス・アウトソーシング（BPO)、AI・ロボット・RPAに代替する。この姿は、ネットワーク型ビジネスモデルにおける中核企業とパートナー企業、下請け企業およびそこにかかわる個人請負労働者の関係を如実に表している。中核企業とパートナー企業においては戦略立案と連携力の構築が重視され、それ以外の部分については組織効率最大化を目的としてネットワークの最下層に押し出されることになる。

ま　と　め

――HRMフレームワークと企業内（Internal）と企業外（External）の再統合――

本論が掲げた仮説は、企業内の経営課題と企業外の社会との接点という２つの軸に大別されてきたところに、企業活動のグローバル化とAI（人工知能）やICTといった技術革新の影響といった近年の環境変化により、経営課題と社会との接点をつなぎあわせる必要性が生じているというものであった。

Kaufman［2014a］は、1960年代からHRMフレームワークと企業内（Internal）

と企業外（External）の分離が始まったと整理した。米国ではHPWSを追求する圧力が高まったことから、企業内（Internal）の志向が強まっていく。そこにあわせて、研究領域においては専門化、細分化が進んでいった。Kaufman［2014b］では、国ごとに多様性のあるHRMがアメリカを母国とするグローバル企業によって国ごとの多様性を超えて収斂させつつあることを指摘した。

つまり、企業内（Internal）の志向が強まるということと、国ごとに多様性のあったHRMがグローバルに収斂しつつあるということは、相互に影響しあいながら生じているということが推察できるのである。そこにプラットフォームビジネスによるネットワーク型ビジネスモデルが登場し、Kaufman［2014a；2014b］を受け継いでいるのである。この状況で、Ulrich, et al.［2012］によるHRM Outside Inは必然のものとして登場したということができる。なぜならば、ネットワーク型ビジネスモデルは**図5**で示したように、単一企業の企業内（Internal）の志向だけでは解決することができないからである。それは、**図6**にみるプロジェクト型ワークフローにおいて単一企業のみならず関係者が一堂に会することが意図されていることからもみることができる。

しかしながら、Ulrich, et al.［2012］のHRM Outside Inは単一企業の経営効率の最大化のためにHRM Outside Inを活用するというものであり、その意味において依然として企業内（Internal）と企業外（External）が分離したままである。企業外（External）とのつながりがあった日本型およびインダストリー4.0型のネットワーク型ビジネスモデルにおいて、プロジェクト型ワークフローになじまない部分の業務委託、ビジネス・プロセス・アウトソーシング（BPO）、AI・ロボット・RPAによるネットワーク下層への固定化が進行中である。

業務委託、BPOは、国境を超えてもっとも低コストのものが選択される。その目的は、ネットワーク全体の最適化である。結果として、ネットワークの上層と下層で処遇格差が拡大するとともに固定化することになる。

HRMはネットワーク型ビジネスモデルのなかでグローバルに収斂しつつ、研究分野においては企業内（Internal）と企業外（external）が分離してきたということをこれまでみてきた。この分離がネットワーク型ビジネスモデルのなかで固定化される処遇格差に対処することを難しくさせている。

固定化される処遇格差を解消するために必要なことは、企業内（internal）と企業外（external）の融合を研究分野において取り入れることである。加えて、ネットワーク型ビジネスモデルがグローバルに展開するからこそ、一国内ではない国際的な社会的合意を構築することが必要である。ここでいう社会的合意とは、ネットワーク型ビジネスモデルのみならず社会全体を構成するアクターの利害を調整するとともに、処遇格差を撤廃もしくは縮小するためのものである。

企業内（Internal）の視点においては社会的合意を、企業外（external）の視点においては経営効率の最大化をそれぞれ包括するかたちで、企業内（Internal）と企業外（external）の再統合をはかる。これが本論における仮説から示唆できることである。

注

1）ドイツのインダストリー4.0は、Human Networkによる連携をICT（情報通信技術）やIoTで代替するものとして登場した。同時に日本企業もまた、AIやIoTといった科学技術の進展をみずからのネットワークに取り入れる形で変容を遂げてきた。インダストリー4.0も日本企業のネットワークも製造業で発達してきた。

参考文献

Kaufman, B. E.［2003］"Industrial Relations in North America" *Understanding Work & Employment: Industrial Relations in Transition*, New York: Oxford University Press.

Kaufman, B. E.［2014a］"The historical development of American HRM broadly viewed", *Human Resource Management Review*, Volume 24, Issue 3, September 2014.

Kaufman, B. E.［2014b］"The development of human resource management across nations: history and its lessons for international and comparative HRM", *The development of human resource management across nations: Unity and diversity*, Edward Elgar Publishing.

Ulrich, D., Younger, J., Brockbank, W. and Ulrich, M.［2012］*HR FROM THE OUTSIDE IN*, McGraw Hill.

Yamazaki, K.［2018b］"Network-based Business Models and Employment Adjustments:

Implications for Skills in Japan", *Skills and the Future of Work: Strategies for Inclusive Growth in Asia and the Pacific*, ILO.

山崎憲［2016］「アメリカの労使関係システムの再定義」『社会政策』7（3）。
山崎憲［2017］「補論 高度専門人材の人事管理——個別企業の競争力の視点を中心に——」、JILPT第3期プロジェクト研究シリーズ4『日本的雇用システムのゆくえ』労働政策研究・研修機構。
山崎憲［2020］「ネットワーク型ビジネスモデルと働き方の現在」『世界』939。

Dr. Dave Ulrich - The Future of HR（https://www.youtube.com/watch?v=57PmDk73u7I、2021年8月15日閲覧）。
We Work［2020］「マイクロソフトは働き方改革もテレワークもやってない」その真意とは？（https://weworkjpn.com/contents/report/eventreport25/ 、2021年5月31日閲覧）。

（筆者＝明治大学）

2．フランスにおける人事労務管理

Human resource management in France

五十畑　浩平　ISOHATA Kohei

はじめに

欧米の働き方として、いわゆる「ジョブ型雇用」を想起されることが多い。たしかに、採用時から職務や勤務地などを明確にした雇用契約を結び、その範囲内で仕事を行うジョブ型雇用は、ヨーロッパでも一般的に行われていると言える。ジョブ型雇用とメンバーシップ型雇用の対比は単純でわかりやすく、日本のメンバーシップ型雇用を見直す際、ヨーロッパをはじめとする働き方が引き合いに出されることも多い。しかしながら、ジョブ型雇用をはじめとするヨーロッパ諸国における雇用慣行や人事労務管理に関しては、ともするとステレオタイプの議論になりがちなのも事実である。実際、EUの代表的な国の１つであるフランスに関しても、人事労務管理について真正面から取り組んでいる研究は、管見の限りアメリカの労務管理と比較してフランスの特徴を析出している中川［2019］以外に見あたらず、フランスの人事労務管理の研究はわが国では進んでいないのが実態である。

本稿では、統一論題の一報告であることに鑑み、フランスの人事労務管理に関して各種統計データを用いて概観するとともに、その実態や特徴を析出することに主眼を置く。分析にあたっては、フランスの人事労務管理の理解にとって不可欠な「学歴」、「資格」、「カードル[1)]」等のキーワードを中心に行っていく。

本稿の前半では、若年者を中心とした入職期に焦点を当て、若年者の雇用情勢や雇用慣行などの実態を分析していく。後半では、入職後の労務実態や、異動や昇進を含めた移動について検討する。

Ⅰ　雇用情勢と入職時の雇用慣行

1　雇用情勢

フランスにおける若年層の雇用情勢は、世界的に見ても厳しい。15歳から24歳までの若年層の失業率は、OECD諸国のなかでも高く、2019年現在で20.73%となっている[2)]。ヨーロッパのなかではギリシア、スペイン、イタリアほど高くはないものの、イギリスと比べて７ポイント以上、ドイツと比べると３倍以上高い数値を記録している。

特筆すべきは、若年層における非正規雇用の割合の高さである。フランスでは労働法の影響が強く、無期雇用を中心とした法制度が発達し、期間の定めのない労働契約（CDI : contrat à durée indéterminée）が原則である。有期雇用（CDD : contrat à durée déterminée）や派遣労働（intérim）といった非正規雇用については、あくまでも例外としてその要件が厳しく定められている。その結果、2019年現在の全雇用に対する有期雇用の割合は、Eurostatによると全年齢層では16.2%にとどまっている。しかしながら、若年層に限ってみると、56.0%にまで達しているのである[3)]。

2　入職期の雇用慣行

上記のような若年層を取り巻く厳しい雇用情勢については、その原因をフランス経済の低迷のほかに、労働法の硬直性に求める議論もある。こうした労働法の硬直性を見直すべく、近年改革が行われてきたのも事実であるが、労働法の柔軟化には懐疑的な見方もあり、実際、目立った効果は現時点では見られていない。

一方で、そうした労働法の議論とは別に、若年層の雇用情勢にはフランスの雇用慣行が影響していることも事実である。その1つとして、「即戦力重視」の雇用慣行があげられる。フランスでは、あるいはフランス以外の欧米諸国でも一般的であるが、日本のように職務経験のない新卒者を採用し人材を育成する慣行はなく、あくまで個人の保有する資格や職務経験によって採用される。とくに、ここ2、30年間の人材の過剰によって、雇用主は「即戦力（prêt à l'emploi）」となる若年者を求めることに慣れていると指摘されている［Proglio et al. 2006：2］。

もう1つの雇用慣行が「段階的参入」である。即戦力重視の採用では、したがって、働いたことのない学生は、必然的に一番不利になるのである。こうした採用慣行のもとでは、職務経験の乏しい若年者は、有期雇用や派遣などの非正規雇用を経験し、職務経験を積んだうえで、無期雇用にたどり着くことが求められる。こうして段階的に労働市場に参入する慣行を筆者は「段階的参入」と呼んでいる。実際、ジェネラシオン2013調査[4)]によると、2013年に学業を終えて就職した若年者のうち、70％が有期雇用や臨時雇用などの一時的な雇用から社会人生活をスタートさせた。3年後の追跡調査でも、無期雇用のポストに就くことができたのは全体の56％にとどまっている。

3　入職時における学歴の強い影響

（1）安定した職に就ける割合

もちろん、フランスの若年者が一様にこうした状況かと言えばそうではなく、より詳細に分析すると、彼らの最終学歴が、就職状況や初期キャリア形成の明暗を大きく分けている。前述の調査によると、2013年に卒業し就職した若年者全体をみた場合、6割近い若年者がすぐに就職し、その後就業を続けている（**図1**参照）。失業や非就業の期間を経たのち遅れて就職する若年者とあわせると、全体でおよそ7割近くが、遅かれ早かれ3年の間で職を見つけ就業していることになる。一方で、残りの3割強は、卒業3年後の時点で、就業していない状況にある。いったん就職したあとに失業や非就業に至ったケースが8％、一貫して失業や非就業であったり繰り返し失業であったケースが13%、再び就学す

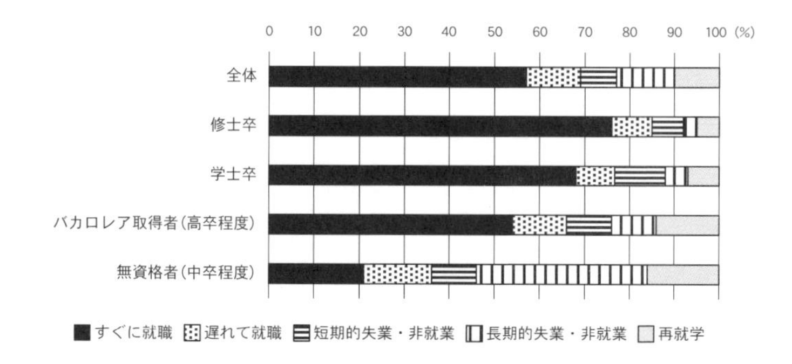

図1 学歴別卒業後3年間の経路

(出所) Céreq [2017] をもとに筆者作成。

るケースが10%となっている。

こうした実態を学歴別に分析すると、グランゼコール卒を含む「修士卒」の場合、76%の若年者がすぐに就職しており、遅れて就職した10%の若年者とあわせ、86%が卒業3年後の時点で職に就くことができている。この状況は学歴の水準が低くなるにつれてさがっていく。「学士卒」となると77%となり、高卒レベルである「バカロレア取得者」であれば67%にまでさがる。中卒程度である「無資格者」に至っては、卒業3年後に就職できている割合は、37%にまで落ち込んでいる。反対に、3年後失業や非就業状態の若年者は47%と半数近くにまで及んでおり、長期的な失業・非就業状態の若年者も38%にのぼっている。

(2) 役職（ポスト）

前述のように、学歴によって労働市場への参入の仕方に差が生じることが確認できたが、入職時の役職（ポスト）にも学歴が大きく関与する。入職時、工員に就く割合は、低学歴ほど高く、高学歴になるにつれて低下する一方、カードル層に就く割合は、高学歴ほど高く、低学歴になるにつれて低下する（**図2**参照）。実際、「無資格者」は、工員になる割合が44%と最も高く、ついで従業員、中間職の順となっている。カードル層に関しては、1%にとどまっている。

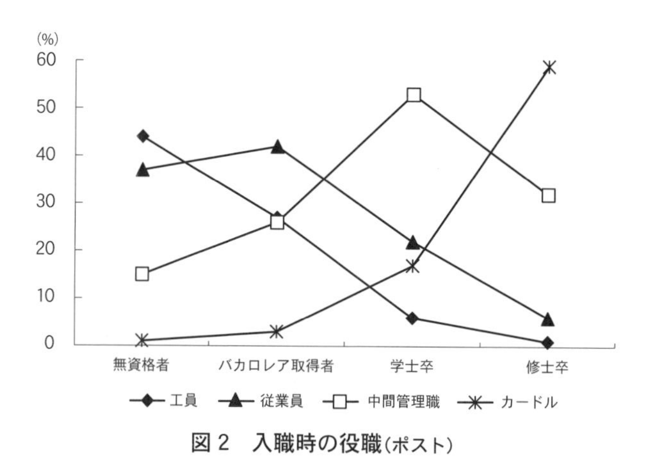

図２　入職時の役職（ポスト）

（出所）Céreq［2017］をもとに筆者作成。

「バカロレア取得者」の場合、従業員になる率が42％と最も多く、ついで、工員、中間職と続き、カードル層に関しては３％となっている。「学士卒」の場合、中間職が44％と最も多く、ついで従業員が31％、工員が16％となり、カードル層が６％となっている。「修士卒」の場合、カードル層が59％と最も高く、中間職は32％となっている。

以上のように、「無資格者」は工員になる割合が高く、「バカロレア取得者」は従業員になる割合が高く、「学士卒」は中間職に就く割合が高く、「修士卒」はカードル層に就く割合が高くなっている。このように、その個人が所有する学歴と就く役職が対応していることがわかる。最初から学歴によって就く役職のすみわけがしっかりとできており、キャリア形成の「スタートライン」が学歴によって変わっているのが特徴と言える。

II 人事労務管理の実態

1 労務実態

（1）社会職業カテゴリー別の雇用割合

フランスの労働市場を、カードル層、中間職、従業員、工員の4つに分類される社会職業カテゴリーをもとに分析すると、**図3**のように1982年時点では、工員の割合が最も高く36.6%、ついで従業員が30.5%、中間職が23.5%、カードル層が9.4%となっている。その後、工員の割合が低くなる一方で、カードル層の割合が高くなっており、2017年では、カードル層は483万人、中間職は690万人、従業員は730万人、工員は559万人となっており、それぞれの比率は、カードル層が19.6%、中間層が28.0%、従業員が29.7%、工員が22.7%となっている。とりわけ、カードル層の伸びが他の層と比べて著しい。**図4**に示すとおり、1982年と比較すると、従業員で約1.3倍、中間職で約1.6倍なのに対し、カードル層では、約2.7倍の伸びとなっている。カードル層は、このように実数としてもここ30年間で3倍近く増えており、それに呼応して、全体に占める割合も高まっていったと言える。

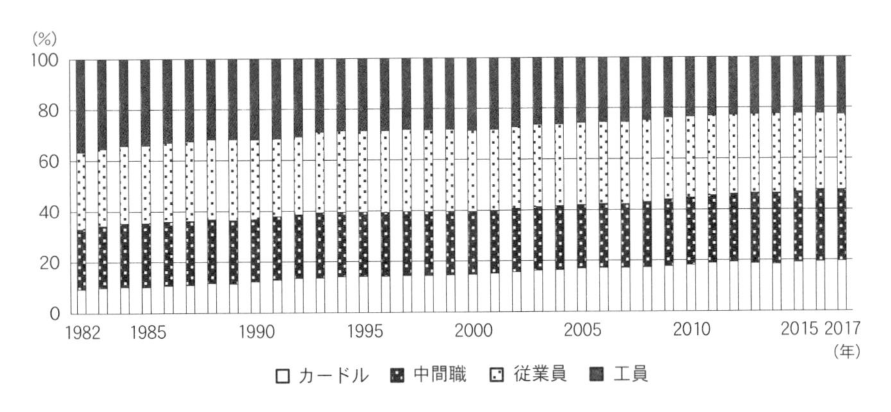

図3 社会職業カテゴリー別の雇用状況

（出所）Insee, *enquêtes Emploi*.

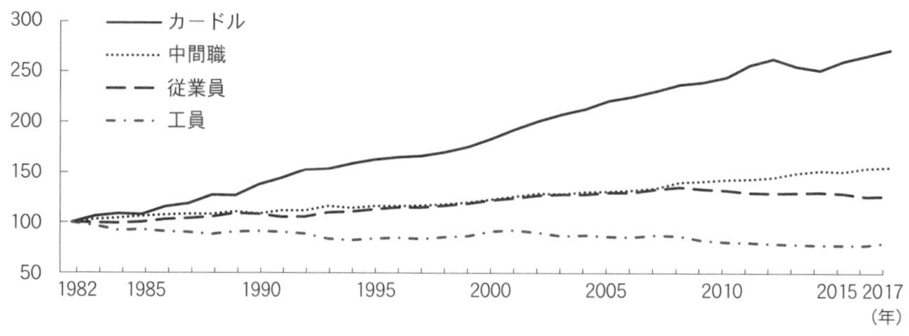

図４　社会職業カテゴリー別の雇用状況（増減の推移）

（出所）Insee, *enquêtes Emploi*.

（２）労働時間

フランスでは、前述のようにもともと労働法の規制が強く、法定労働時間は週35時間であったが、近年の労働法改正により週35時間労働制は徐々に緩和されてきた。そうした影響もあり、2003年には、フルタイム労働者は平均で年間1620時間働いていたのに対して、2019年には、彼らの年間労働時間は1640時間にまで増加している[5)]。とは言え、こうした状況も社会職業カテゴリーにより大きく変化する。**図５**のように、25歳から49歳のフルタイム労働者における年間労働時間を比較すると、男性では、中間職、従業員、工員は1700時間前後に対して、カードル層では1904時間となっており、カードル層が相対的に長時間労働となっていることがわかる。この傾向は女性も同様となっている。

実際、CFDT［2012］によれば、24％のカードルが毎日10時間以上働いてい

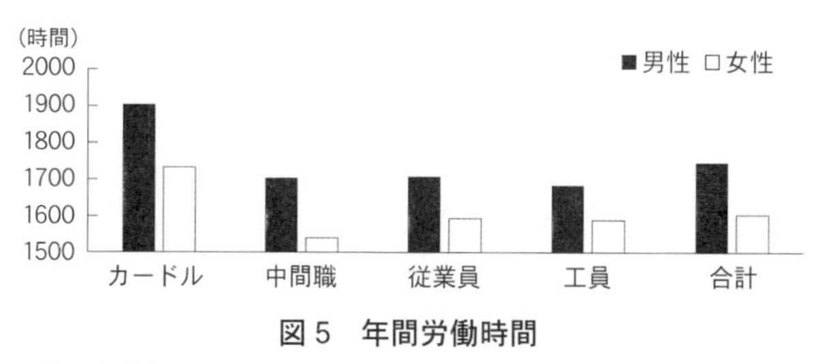

図５　年間労働時間

（出所）Insee, *enquêtes Emploi*.

る。また、その結果、ワークライフバランスに対して満足している割合も低く、家族との時間が満足に取れている割合はカードル層全体の36%にとどまっている。とりわけ、ワークライフバランスに不満を持つカードルは、男性よりも女性に多い。カードル層のうち、専門職では男性の満足度が45%であるのに対し、女性は35%と低く、マネジメント層では男性が33%の満足度であるのに対し、女性は27%にまで低下している。

（3）賃金

賃金に関しても、カードル層とそれ以外のカテゴリーとで大きな差が生じる。**図6**に示すように年齢別に各カテゴリーの賃金を比較すると、カードル層では21歳から25歳までの年収が３万2576ユーロであるのに対し、56歳から60歳の年収は７万7132ユーロにまで上昇している。一方で、それ以外のカテゴリーの年齢差による賃金上昇は慎ましいものとなっている。カードル層の21～25歳から56～60歳への上昇率が237%であるのに対して、中間職では157%、従業員では141%、工員（有資格）では133%、工員（無資格）では126%にとどまっている。

２　移動

フランスの労働市場における異動や昇進を含む移動（mobilité）全般に関しては、原則として外部労働市場によるものとされてきた。実際、鈴木［2018］は、

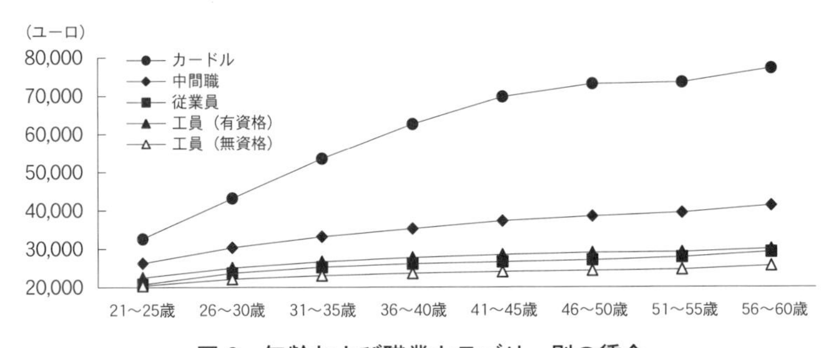

図６　年齢および職業カテゴリー別の賃金

（出所）Insee［2011］, Salaire brut en équivalent temps plein (ou brut annuel), par âge et catégorie socioprofessionnelle simplifiée.

フランスの企業において採用は外部労働市場からの補充採用が原則となると言及している。一方で、カードル層においては、内部移動は外部移動同様に重要な役割を果たしているとも言える。実際、鈴木は、カードル層と一般労働者とでは異なる人事管理が行われるとしたうえで、カードル層にとっては、内部労働市場と外部労働市場は等価であるとの見解を示している［鈴木 2018:39］。また、野原は、カードルの一翼を担うエンジニアのキャリア形成の実態を踏まえ、フランスのカードル層は、企業と個人双方に、内部移動・外部移動という二者択一の余地があることを明らかにしている［野原 1992：33］。

まず、カードル層に関しては、2009年から毎年行われているAPECの移動調査によると、毎年カードルの１割弱が外部移動を行い、２割程度が内部移動している（**図７**参照）。年によっては３倍以上の開きもあり、カードル層においては、外部移動よりもむしろ内部移動のほうが頻繁に行われていることがわかる。

内部移動についてより詳細に分析すると、**図８**に示すように、役職の変更を伴うポスト間移動が毎年８％から10％程度である一方で、役職の変更を伴わないその他の内部移動が10％から13％で推移している。

年齢層別で比較すると、外部・内部にかかわらず、高齢になるにつれて、移動する割合が低下することは共通するものの、外部移動が年齢の影響を大きく受けているのに比べると、内部移動については年齢の影響が小さい。実際、カー

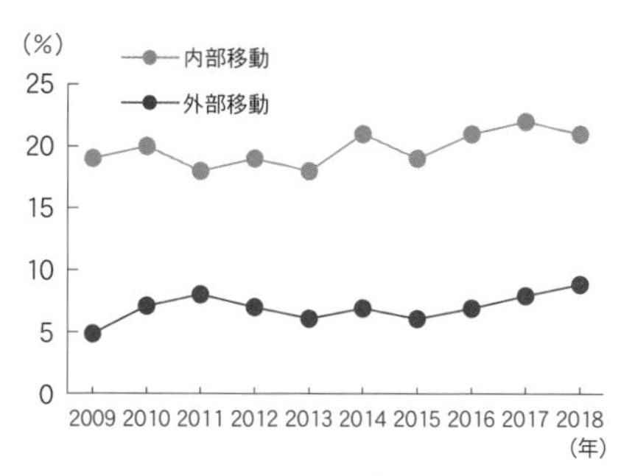

図７　カードル層の移動（民間企業）

（出所）Apec［2019：4］をもとに筆者作成。

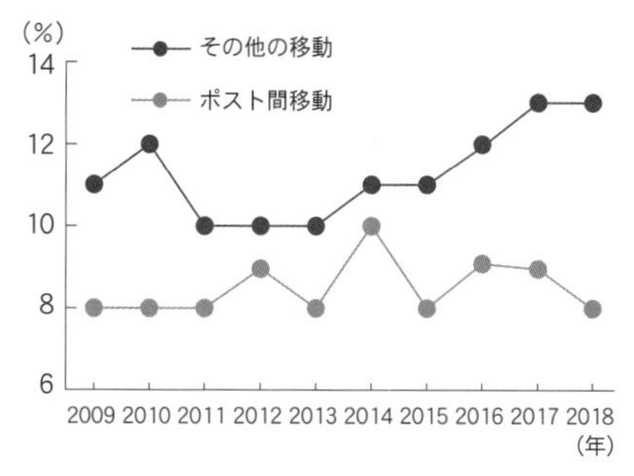

図８　内部移動の内訳（民間企業）

（出所）Apec［2019：5］をもとに筆者作成。

ドルの移動を年齢層別に表した**図9**によると外部移動では30歳未満で22%が移動しているが、30代ではその割合が半減し、50代では4%にまで低下している。他方、内部移動に関しては、とりわけ40代までのポスト間移動に見られるように、低下傾向が緩慢である。

内部移動の主な理由として最も多かったものが、与えられた機会に応えるため、また、責任が増すためであった。こうしたカードル側の主体的な理由で移動する一方で、選択の余地なく会社側の理由で移動させられることも、最も多い理由の1つとなっている（**図10**参照）。

対象をカードル層に限らず、中間層以下からの昇進を取り上げたCadetは、内部昇進（promotion interne）の活用は、企業の政策において不動のものであり、とりわけ、特定の専門技能の開発と維持にもとづいた戦略を展開する企業や、採用に苦労している企業に見られるとしている［Cadet 2015：1］。

APEC［2014］によると、中間職以下からカードルに内部昇進した件数は1992年には3万3900件であったが、その後90年代後半から増加傾向がみられ、2001年には7万2000件とピークを迎える。その後は減少のトレンドを示し2013年には4万3400件となっている。一方で、同年のカードル層への外部からの採用は、16万3500件となっている。このように、2013年には外部採用が全体の8割に及ぶ一方で、中間職以下からの内部昇進は2割ととどまっている。ただし、

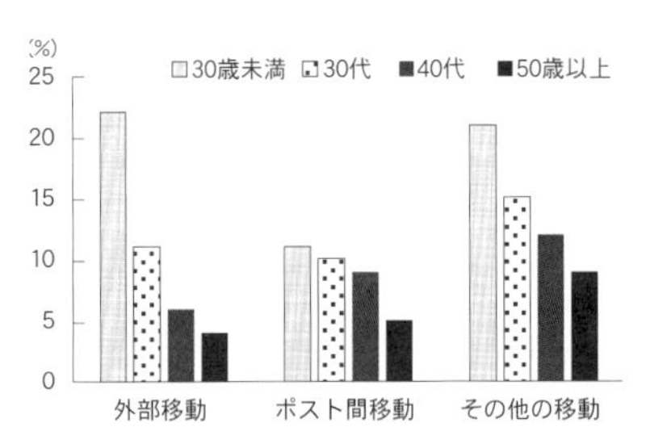

図9　年齢層別カードル層の移動
（出所）Apec［2019：7］をもとに筆者作成。

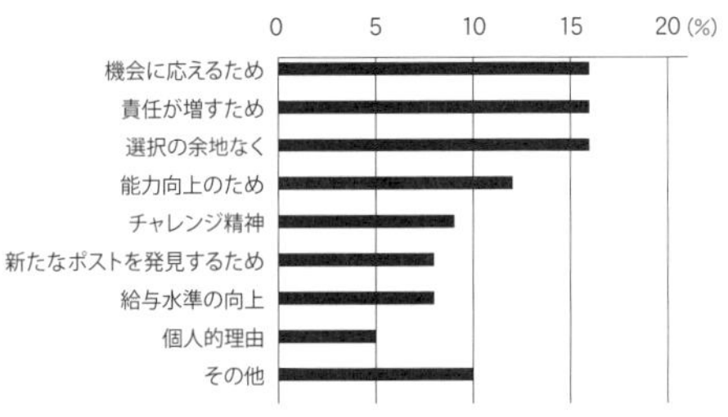

図10　内部移動の主要な理由
（出所）Apec［2019：9］をもとに筆者作成。

業界によってカードル層への内部昇進者の割合は大きく変化する。最も高いのが金融業であり、2013年に中間職以下からの内部昇進した者の割合は42%にまで達する。ついで、宿泊・飲食・レジャー業で39%を占める。また、法人向けサービス業も38%となっている。

内部昇進の割合が高い理由について、APEC［2014］では、1つに、人事管理の慣行をあげている。銀行・保険業では、カードル層への内部昇進は、人事管理において長年の慣行となっていると分析している。また、流通業など、他の業界については、カードル層への内部昇進は、人事管理と従業員のつなぎ止めの一環で行われており、ポスト間移動や、職務間移動を強く優先しているとしている。一方で、内部昇進の割合が高いもう1つの理由として、その業界がカードル層にとって魅力が欠けていることもあげられる。こうした不人気の業界の代表として、宿泊・飲食・レジャー業、特殊建設業、運輸・物流業、食品製造業、木材・製紙・印刷業などがあげられる。

Ⅲ　考　　察

以上をもとに、人事労務管理上のフランス的特徴を考察していきたい。第1に、最終学歴の重視である。前述のように学歴が入職時のポストに強く影響を与えていた。また、一般的にはカードル層への内部昇進は少数派であることからも、学歴によって決定される入職時のポストがその後のキャリア全般にまで影響するとも言えるのである。

こうした学歴重視の背景には、どのようなことが考えられるのであろうか。フランスは、職業教育を発達させる歴史のなかで、学歴に応じた職業資格を国家が保障する強力な資格システムをつくりあげてきた。こうした今日の資格システムに大きな影響を与えたのが、1945年に公布されたパロディ・クロワザ省令と、その後多数の省令と法令に伴い、産業別に作成されたパロディ・クロワザ賃金表である。中川では、これらの法令が、戦後フランスにおける労働・企業経営・教育の大きな枠組みを確定した点で、決定的に大きな意義を持っていると述べている［中川 2019：186］。

フランスはこうして国家を挙げて資格制度をつくり、職業資格を媒介に、学歴とそれに対応する職務序列、そして賃金を結びつけていったと言えるのである。実際、1967年に国民教育省が制定した職業資格水準は6つに分けられており、初等教育修了が「第6水準」、前期中等教育修了が「準第5水準」、前期中等教育修了＋1～2年が「第5水準」、後期中等教育修了が「第4水準」、後期中等教育修了＋2年が「第3水準」、それ以上の高等教育修了が「第2水準」および「第1水準」に相当する［日本労働研究機構 1997：43］。現在でもこの職業資格水準が企業内での役職や身分を決定し、さらには、賃金係数も決定している。

第2に、カードル層とそれ以外のカテゴリーとの格差である。カードル層は、他のカテゴリーと比して、様々な面で特殊であり、フランスの人事労務管理を考察する場合、それらを分けて議論する必要があるだろう。とりわけ、フランスが学歴社会、資格社会であることを考慮すると、その特殊ぶりは容易に想像がつくであろう。

実際、既述したとおり、入職時からカードルになるには、エリート養成機関であるグランゼコールを卒業するか修士以上の課程を修了しなければならない。このように学歴上一部のエリートに限られたカードル層は、賃金や昇進等の面で他のカテゴリーと大きく違っている。たしかに、彼らのワークライフバランスは十分とは言えないものの、賃金カーブに関しては、他のカテゴリーでは微増である一方で、カードル層では大きく上昇している。また、カードル層は、一般に内部移動のほうが多い。欧米の一般的な働き方としてジョブ型雇用が想定されてきたが、ことカードル層に関しては必ずしも当てはまらないと言えるだろう。例えば、ジョブ型雇用では、一般的に職務内容、勤務地などが限定される。それは、職務内容や勤務地が本人の合意なしに変えられないことを意味するが、カードル層に関しては、会社側の都合で異動させられることも多い。ジョブ型雇用が従業員や工員の働き方を表していることには現時点では異論はないが、カードルの働き方が必ずしもジョブ型雇用とは言えないことも事実であろう。

本稿では、フランスの人事労務管理を概観し、その特徴を析出してきた。ただし、概観に重きを置いたため、産業部門ごとの詳細な分析までには至らなかった。また、移動に関する議論においては、カードル層の移動やカードル層へ昇進する移動の実態しか把握できなかった。今後の課題として、カードル層以外の内部移動や外部移動に関しても視野を広げ、実態を明らかにしていく必要があるだろう。また、こうした実態を解明するなかで、カードル以外の労働者の働き方が、ジョブ型雇用が指し示すものと合致するのかどうか検討していく必要もあるだろう。

注

1）フランスで一般的に使用される社会職業カテゴリーの1分類。一般的にカードル層（cadres）、中間職（professions intermédiaires）、従業員（employés）、工員（ouvriers）の4つのカテゴリーに分類される。カードル層には管理職やトップマネジメント層のほか、技師（エンジニア）などの専門職も含まれる。また、中間職は、カードル層と従業員のあいだの社会職業分類であり、企業の中間管理職はもちろんのこと、技術者、販売責任者のほか、教員、ソーシャルワーカーなども含まれる。

2）OECD［2021］, Youth unemployment rate（indicator）（https://data.oecd.org/unemp/youth-unemployment-rate.htm、2021年12月12日閲覧）.

3）Eurostat, Temporary employees as a percentage of the total number of employees, by sex, age and country of birth（http://appsso.eurostat.ec.europa.eu/nui/show.do?dataset=lfsa_etpgacob&hx0026;lang=en、2021年12月12日閲覧）.

4）ジェネラシオン2013の調査とは、職業資格調査研究所（Céreq）が、2013年に労働市場に加わった若年者を一世代とみなし、彼らの参入後の就職状況を3年間にわたって追跡調査したものである。2013年に学校教育を終えた69万3000人の若年者の中から、すべての教育水準、すべての専攻にわたって、2万3000人の若年者を対象として調査を行った。

5）Insee, *Durée et organisation du temps de travail*（https://www.insee.fr/fr/statistiques/4501612?sommaire=4504425、2021年6月21日閲覧）.

参考文献

APEC［2014］«La promotion interne de salariés au statut de cadre : Une pratique variable selon l' âge», *Les études de l'emploi cadre*, No.2014-58.

APEC［2019］« Panorama 2019 des mobilités professionnelles des cadres », *L'observatoire de l'emploi cadre*.

Cadet, J.-P.［2015］« La promotion interne fait de la résistance », *Bref du Céréq*, No.337.

Céreq［2017］*Quand l'école est finie. Premiers pas dans la vie active de la Génération 2013 : Résultats de l'enquête 2016*, Marseille: Céreq.

CFDT［2012］*Travail et temps : Comment maintenir les équilibres?*

Proglio, H., Djellal, R. et Talneau, S.［2006］*L'insertion des jeunes sortis de l'enseignement supérieur - Rapport du groupe de travail présidé par Henri Proglio*, Paris: Ministère de l'emploi, de la cohésion sociale et du logement.

鈴木宏昌［2018］「フランスの労働市場」『日本労働研究雑誌』693。

中川洋一郎［2019］「職務序列表の公示（1945年）によるフランス企業内三階層の「固定化」――アメリカ・フランスにおける労務管理論の展開――」『中央大学経済研究所年報』51。

日本労働研究機構［1997］『フランスの職業教育訓練』日本労働研究機構。

野原博淳［1992］「フランス技術者範疇の社会的創造――教育制度・社会階層・内部労働市場の内的連鎖構造――」『日本労働研究雑誌』34（9）。

（筆者＝名城大学）

3．和洋織り交ぜた台湾的雇用慣行の探索

The Exploration of Taiwan Localized Employment Practice: Mixed up Japan, Western and Taiwan way

國府　俊一郎 KOKUBU Shunichiro

はじめに

ある国や地域における特殊な文化が、そこでの生活が日常となっている住民にとって特異であると認識し難いのと同様に、雇用慣行とそれに基づく人事制度の特異性もまたその国や地域でビジネスが完結する企業や労働者にとって特異なものであると認識し難いものである。かつて日本的雇用慣行がいわゆる「三種の神器」として認知されるに至った端緒もまた外地から研究に訪れたジェームズ・アベグレンによる指摘であった。筆者もまた、台湾の大学における9年間の就業経験の中で、外国人の立場から様々な暗黙知レベルの台湾的雇用慣行の存在を感じてきた。しかし、台湾現地の人的資源管理研究を俯瞰しても、台湾の雇用慣行や人事労務制度が「台湾的」であると指摘する研究を見出すことはできなかった。

本論文では筆者の就業経験と2007年から14年間継続してきた台湾の労働市場と雇用制度の研究を踏まえ、暗黙知レベルで感じてきた違和感を「台湾的雇用慣行」として可能な限り形式知化することを目的としている。ただ、筆者自身が日本で生まれ、35年間日本で生活している。また、世界の雇用慣行に関する筆者の認識も未だ十分とは言えない。故に筆者が台湾で感じた違和感の少なくとも一部は自身の擁するいわゆる日本的常識にとらわれた感覚であるという可能性も否定できない。従って、この台湾的雇用慣行に関する研究は本論文で

完結するべきものではなく、様々な方面から識者の批判を受けながら完成に向かっていくべき探索の段階であることを申し添えておきたい。

I　台湾の労働市場に見る雇用制度の特徴

1　日本と比較した台湾の雇用区分

本論文の冒頭で述べたように、筆者の労働市場と雇用制度認識の軸足が日本に置かれていることから、台湾の労働市場の特徴についても日本との相違点を中心にまとめることとする。まず本小節では日本から見た台湾の雇用区分の特徴をまとめる。

台湾の政府統計[1)]では、パートタイムの仕事、6カ月未満の雇用期間の仕事と労働者派遣の仕事に就く者を「パートタイム、臨時性または労働力派遣」の職に就く者として、正式な（Regular）職に就く労働者と区別する。「パートタイム、臨時性または労働力派遣」の職に就く者の比率は全労働者の7.0%であるから、台湾の93%の労働者は正式（Regular）な職に就く正規雇用である。ただ、正式な職は原則的に無期雇用であるが、「終身雇用」というわけではない。雇用期間が定められていないだけであり、使用者・労働者のいずれかが望んで定められた手続きを踏めば、契約を終わりにすることは可能である。日本の雇用契約もいわゆる正社員については、雇用期間は「なし」の無期雇用であるから、労働契約の形式上は、日本と台湾に際立った差異はない。しかしながら、正社員であれば「終身雇用」であることが、労使の（または社会一般的な）共通理解になっている日本と、「終身雇用」が例外的であり、「鐵飯碗」と呼ばれる公務員以外では考えられなかった台湾とでは、「正社員または正規雇用労働者」の意味合いも異なってくる。正規雇用の対局となる非正規雇用は台湾では極めて少数派でありパートタイム労働者の比率はわずか3.7%である。

図1に示したように男性と女性の労働力率に差異があり、年齢の上昇とともに乖離幅が大きくなる。10年前の2010年と比較すると男性にはほとんど変化が

見られない一方で、女性の労働力率は65歳以上を除いて、いずれの年齢層においても上昇している。**図１**の統計を注意深く見れば、2010年の25-34歳の女性の労働力率（79.09%）と2020年の35-44歳の労働力率（79.06%）がほとんど変わらないことがわかる。中身の入れ替わりがあることも考えられるが、同じ世代で見るならば20代後半から40代前半までの労働力参加率にほとんど変化がなく、結婚や出産で仕事を辞めた女性は少ない。従って、このままの傾向で10年後を考えた場合、2020年に25-34歳である女性の労働力率は2030年には90%近くに維持されることが予想され、男性との格差が大幅に縮減すると推測される。

図２に示したように全般的に男性よりも女性にパートタイム労働者が多く、年齢が上昇するほどに差が開く傾向にある。**図２**のデータも2010年と比較してみたが、ほとんど変化が見られない。つまり、この10年におけるパートタイム労働者の比率に明らかな上昇は見られない。高齢者を除けば台湾の労働市場で非正規の雇用を広げていく余地は今後も小さく、正社員中心であるというのが、台湾の雇用に見られる１つの特徴である。

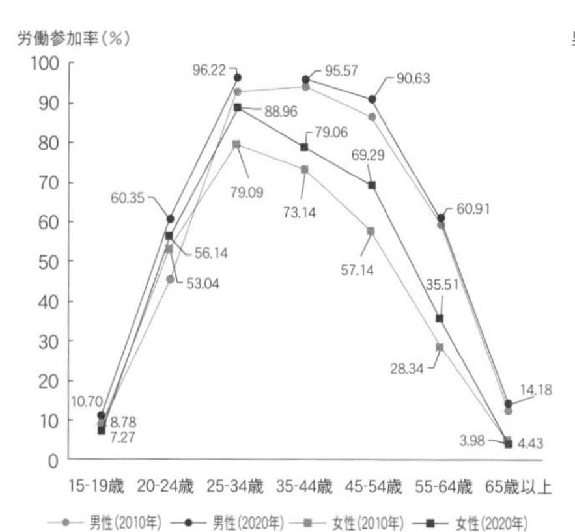

図１　台湾における男女の労働力率

（出所）中華民國行政院統計處「人力運用調査109 年と99 年」(2020 年と2010 年）から筆者作成。

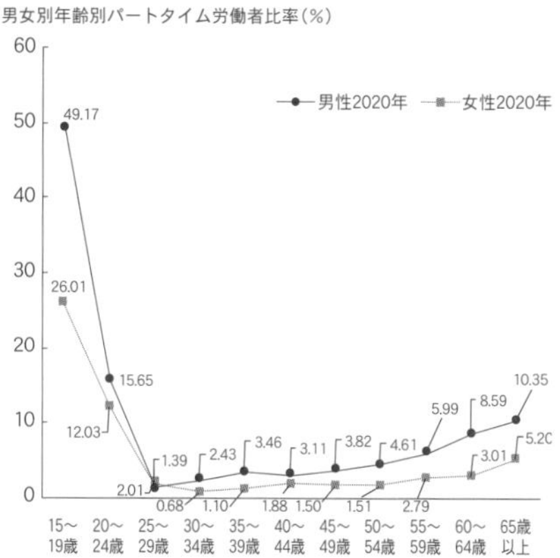

図２　台湾における男女別年齢別パートタイム労働者比率

（出所）図１と同様。

2　男女の賃金格差からアプローチする台湾の賃金構造の実態

台湾では日本で見られる正規・非正規の雇用区分による性別賃金格差がないはずだが、**図3**に示したように男女の収入格差は年齢が高くなるほどに大きくなっている。台湾でも男女の直接的な差別は男女雇用均等法で禁止されているので、**図3**に現れる男女の格差は賃金構造的な要因によるものだと考えられる。本小節では男女の格差を見ることで台湾の賃金の決定要因にアプローチする。

表1は雇用者の職種別の男女の月間収入格差を示した。本表では該当する月収のポートフォリオに属する男性の数から女性の数を引いたため、男性が多い項目は正の値に女性が多い項目は負の値になる。これにより経営者・管理監督者と工場労働者等に男性が多く、事務職に女性が多い。専門職やエンジニア、専門職の入口の仕事である専門助手ではバランスが取れており、女性が少し多いことがわかる。ただし、専門職やエンジニア・専門助手の収入には同じ職種でも幅があり、低収入に女性が多く、高収入に男性が多い特徴を看取できる。

表2に現在の仕事の勤務年数の平均を示した。2014年と比較して、仕事の勤続年数平均は8年と変化がない。男女の勤続年数を比較すると男性の勤続年

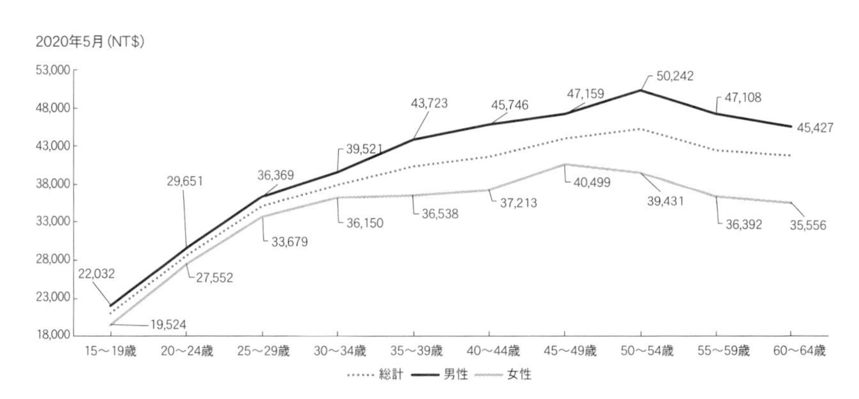

図3　台湾における雇用者の性別・年齢層別平均月収入

（出所）図1と同様。

表 1　職務階層別男女の月収の構造と格差

（雇用者、単位千人）

男女格差（正値は男性多数、負値は女性多数）	男女差：総計	25000NT$未満	25000～29999NT$	30000～34999NT$	35000～39999NT$	40000～44999NT$	45000～49999NT$	50000～59999NT$	60000～69999NT$	70000NT$以上	平均毎月収入格差(NT$)
総数	473	-293	-418	35	257	267	107	254	92	173	6,581
経営者・管理監督者	113	0	6	3	7	1	9	19	11	56	8,136
専門職	-65	-27	-45	-47	-10	-2	-30	32	7	57	11,267
エンジニア・専門助手	-116	-30	-91	-108	-8	17	6	51	11	35	6,692
事務職	-671	-77	-235	-196	-95	-42	-14	-11	-1	0	4,470
販売サービス職	-234	-127	-131	-62	17	19	8	9	21	11	5,692
農林水産従事者	21	-1	5	5	3	3	0	0	0	0	7,601
工場労働者等	1,427	-33	72	439	343	271	129	152	0	0	8,360

（出所）図 1 と同様。

表 2　現在の職場における勤務年数の男女比較

		2014年	2020年	7年間の変化
現在の仕事の勤務年数平均（年）		8.0	8.0	—
性別	男性平均	8.6	8.3	−0.3
	女性平均	7.6	7.7	0.1

（出所）中華民國勞動部「勞工生活及就業狀況調查」（2014、2020年）から筆者作成。

数が長い。しかし、この 8 年間で男女の勤続年数の差は縮小している。結婚出産による女性の労働市場からの退出が少ない一方で男性の勤続年数も長くないので、男女の勤務年数にほとんど差がないのも台湾の雇用における特徴の 1 つである。

では何が男女の格差を生んだのだろうか。可能性として産業別に賃金格差があって、男性が高賃金産業を女性が低賃金産業を選択している性別選好の有無が想起される。職種が同じであっても産業によって平均的な賃金が異なる可能性である。**表 3** には産業別に経営者・管理監督者、専門職とエンジニア・専門助手の毎月の所定内賃金の比較を示した。産業によって、職種別の雇用者人数が異なり、平均所定内月給もまた産業による差が大きいことがわかる[2)]。

産業別の賃金は初任給から明確な格差がある。**表 4** に産業別の初任給について男女別・学歴別[3)]に示した。同じ専門職であっても宿泊・飲食サービス業と金融保険業では初任給が大きく異なる。また、同産業において初任給に、男女

表3 産業別・職種別雇用者人数と平均所定内月給

（人数：単位人）	製造業		卸売小売業		倉庫・運輸業		宿泊・飲食サービス業		金融保険業	
（所定内月給：単位NT$）	人数	所定内月給	人数	所定内月給	人数	所定内月給	人数	所定内月給	人数	所定内月給
経営者・管理監督者	261,248	76,522	287,004	74,665	32,157	71,022	65,999	52,599	48,830	115,705
専門職	258,571	59,770	76,723	53,011	7,644	64,538	3,408	50,756	45,437	68,966
エンジニア・専門助手	426,956	40,766	287,538	41,656	22,103	69,162	13,465	46,444	178,214	59,024

（出所）中華民國勞動部「職類別薪資調查109年」（2020年）から筆者作成。

表4 産業別初任給（性別・職種・学歴別）

（単位：NT$）

		大卒		大学院卒	
		男性	女性	男性	女性
製造業	専門職	33,091	33,416	38,095	38,382
	エンジニア・専門助手	29,673	29,897	33,421	33,586
卸売小売業	専門職	34,806	34,754	38,624	38,833
	エンジニア・専門助手	30,463	30,420	33,849	34,020
運輸倉庫業	専門職	34,253	34,440	36,810	36,820
	エンジニア・専門助手	30,922	31,225	33,330	33,776
宿泊・飲食サービス業	専門職	31,367	31,696	32,792	32,792
	エンジニア・専門助手	29,327	29,336	30,823	30,823
金融・保険業	専門職	36,041	36,111	40,661	40,577
	エンジニア・専門助手	32,759	32,853	36,138	36,162
支援サービス業	専門職	31,232	31,431	35,000	35,000
	エンジニア・専門助手	29,723	29,888	32,233	32,382
教育業	専門職	30,299	30,482	35,077	35,137
	エンジニア・専門助手	28,197	28,730	31,954	32,454

（出所）表3と同様。

の格差はない。男女雇用平等法は有効に働いている。従って、**図3**の男女の月収格差は、職種と産業の違いに起因していると考えられる。

それでは、男女の格差にもう一歩踏み込み、大学における性別による学部専門選好について確認する。**表5**は2020年度の主要学群（類似した学部学科をまとめたもので、主要なものを筆者が抽出した）別の卒業者数を挙げた。2014年と比較して、IT化の進展により労働需要が増える情報技術学群を卒業する学生が増えている一方で、男女ともにサービス業へコミットしやすい芸術・デザイン系学群や賃金が比較的低い宿泊・飲食サービス業へ就職する傾向のある民生学群を卒業する者が増加している。

したがって、同じ年代の大卒でありながら学群専攻の違いによって賃金が二極化する可能性がある。低賃金の産業に就職した者はそこで経験を積み、高収入の産業に異動していく動機を持つのが自然である。事実、2020年の調査では、宿泊・飲食サービス業で働く者の21.4%が転職する意向を示しており、その半数以上である12.5%は他産業への転職を希望している[4)]。

以上、第Ⅰ節では公表された統計から台湾の労働市場の特徴を明らかにした。台湾では、男女問わず正規の雇用が中心であるものの、勤続年数は平均8年程度と短い。平均的な賃金は職種により格差がある。さらに、同じ職種であっても所属する産業によって賃金に格差があることが示された。男女の賃金格差は、直接的な性差別が原因ではなく、専攻する学部が男女によって異なることが本質的な原因ではないかと推察される。

したがって、本節では、「台湾の雇用は男女を問わず正規雇用が一般的であり、賃金は職種と所属する産業によって決まる」ことを特徴として挙げ、一応の結論としたい。

表5　4年生大学以上主要学群別卒業者数（性別・2014年との比較）

	2020年卒業者数（人）			2014年度比較（%）			女性の比率（%）	
	合計	男性	女性	合計	男性	女性	2020年度	2014年度
総数	269,661	132,326	137,335	-7.4	-10.1	-4.7	50.9	49.5
芸術・デザイン学群	21,480	7,156	14,324	28.8	31.7	27.3	66.7	67.4
人文・語学学群	20,337	5,995	14,342	-12.0	3.1	-17.1	70.5	74.9
経営学群	52,067	20,682	31,385	-6.9	-5.1	-8.1	60.3	61.0
情報技術学群	18,643	13,254	5,389	14.0	25.7	-7.3	28.9	35.5
工学・エンジニア学群	47,694	40,456	7,238	-31.0	-32.2	-23.6	15.2	13.7
医薬学群	19,172	5,560	13,612	-2.7	-3.9	-2.2	71.0	70.6
民生学群	27,413	10,800	16,613	14.3	17.3	12.4	60.6	61.6

（出所）中華民國教育部教育統計2020年より筆者作成。民生学群は、ホテル外食、観光学系などの学部で構成される。

Ⅱ　実態から見る台湾の雇用慣行

1　教科書から見る台湾的雇用

（1）台湾の人的資源管理論に見るアメリカ的要素と日本的要素

雇用慣行はその国や地域の大学で普及する人的資源管理論の教科書に投影されると考え、まずここでは教科書の内容から台湾的雇用にアプローチする。台湾の人的資源管理論の教科書はアメリカの人的資源管理論を翻訳したもの[5)]とそれを台湾の研究者が台湾型に打ち直したものがある［吳・黃・黃ほか 2015］。現代台湾の人的資源管理論はアメリカのものを基礎にして、「職務」を中心に構築されている。まず、企業戦略から必要とされる「人的資源」を割り出し、それを「職務」に打ち直す。その「職務」の遂行に期待される仕事の内容、責任、水準からジョブ・ディスクリプションが作成される。そこから必要とされる人材が決まり、適切な方法で募集される。期待される職務水準に照らして評価が行われ、さらに効率を上げるために必要とされる教育訓練が決まる。その流れの中の各所に、台湾的要素が埋め込まれる。

台湾的な要素の中に日本的な要素が消化内包されている。例えば羅彥棻・許旭緯［2018］では、企業文化を造成するための手段として、「品管圏（QCC）」という活動が紹介されている。これはQuality Control Circle、つまりQCサークルのことで、日本由来であるとは説明されるものの、参考文献や引用は示されていない。羅彥棻・許旭緯［2018］は、観光と宿泊・飲食サービス系（民生学群）大学教育のために書かれた「人的資源管理論」の教科書であって、理論については台湾における通説を採用している。通説の中で台湾らしさは当たり前のことになってしまい、意識すらもされない。当たり前なのであるから、引用元も示されず、さらりと書かれてしまう。

羅彥棻・許旭緯［2018］を隅から隅まで読んでも、日本の文献や知見を参照したという記述は無く、数多く列挙される参考文献の中に日本語の文献は一切挙げられていない。現代台湾の人的資源管理論の教科書には、黃［1989］で見られた日本の人的資源管理論の引用を見ることはできなくなってしまった[6]が、台湾で通説となった人的資源管理論の中に日本的要素はすでに包摂されていると考えられる。

（2）教科書に見る台湾の職務給賃金制度

台湾の雇用に関する制度は、「職務」を中心に形成され、賃金制度は「職務給」である。しかし、職務によって一律に賃金額が決まるのではなく、職務は難易度によっていくつかの職務階級に分けられ、その職務階級内でも一定の範囲での賃金変化が与えられる範囲レート職務給[7]が一般的である。

職務給以外に日本でいう役割給や外部の資格による加給、個人や企業の成果によって変動する成果給部分など、いくつかの要素が加えられた複合的な職務給賃金制度が教科書では推奨されている。

表6はインターネットで大企業の賃金表テンプレートとして公開されている表を筆者が翻訳したもので、賃金額は参考値である。これによれば、「本給」いわゆる範囲レート職務給部分と、「職務加給」という役割給部分、成果給にあたる「職能加給」によって構成されている。「本給」は「職等」と呼ばれる「職務等級」によって決定される。入職時の職務等級は学歴と経験年数に紐づ

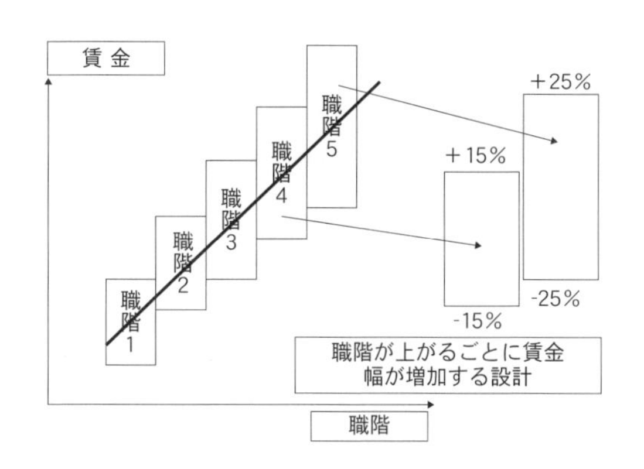

図4　台湾の職務給制度のモデル

（出所）羅彦棻・許旭緯［2018］から筆者作成。

表6　台湾の職務等級と職種別職位のイメージ

新卒時学歴		職務名			本給の範囲（NT$）		職務加給（NT$）			職能加給（NT$）
	職等	主管職	技術・営業職	行政職	最低	最高	主管職	技術・営業職	行政職	
	11	董事長			110,000	200,000	80,000			
	10	総経理			110,000	200,000	60,000			
	9	副総経理	総工程師		90,000	150,000	45,000	20,000		
	8	協理	副総工程師		70,000	95,000	30,000	16,000		
	7	上級経理	上級工程師・専業経理	専業経理	60,000	80,000	15,000	12,000	10,000	
	6	経理	高級工程師・専業経理	高級専員	45,000	65,000	10,000	8,000	6,000	0-40,000
	5	副理	一級工程師・専業経理・高級専員	高級専員	37,000	55,000	7,000	6,000	4,000	
博士卒	4	主任	二級工程師・専業経理・中級専員	中級専員	32,000	45,000	5,000	3,000	2,000	
修士卒	3		副工程師	初級専員	27,000	35,000		1,000		
大卒	2		助理工程師	助理専員	24,000	30,000				
専科卒	1		技術員	事務員	22,000	26,000				
				アルバイト	16,200	16,200				

（出所）ウエブサイト情報から筆者作成。https://max.book118.com/html/2017/0908/132590078.shtm（2021年8月20日閲覧）。専科卒とは日本でいう短大と高専を卒業した者を指す。

く。この職務等級に各種職務が対応している。また、「本給」には範囲がある。この範囲内での昇給は、定期的に行われる直属の上司査定によって決定されるが、毎期ゼロベースで決まるものでなく、日本の賃金でいえば号俸にあたる「級数」が査定によって上下する形であるから、同職務の範囲内においては、ある程度年功的になる。同じ職等であっても職種によって賃金が異なるのは、「職務加給（役割給）」の額が異なるからである。「主管職」が最も高く、次に「技術・営業職」で最も低いのが「行政職」となる。成果給である「職能加給」は、会社の業績や職務内容に応じて決定される。このように、同じ職務等級で同じ職種にあったとしても個人で差が出る仕組みが一般的である。

2　事例に見る台湾の雇用制度

（1）職務によって断絶するキャリア

筆者は2018年、台湾に展開するいくつかの日系企業に協力を仰ぎ、現地従業員の定着についての研究を行なった[8]。**図5**はヒアリングによってまとめた日系外食チェーンの職務構造である。店舗の正社員と本部機能で働く従業員のキャリアが隔絶している点がこの会社の日本でのキャリア構造と異なる。

日本ではチェーンストア理論［渥美 2010］が推奨するように、大卒であっても新入社員は店舗に配属され、店長を経験してから本部に配属されるが、しばらくするとまた店舗に戻る現場主義のキャリアプランが基本になっている[9]。

しかし、台湾子会社では、店舗社員は実技と筆記試験を受けることで上位の職務階級に昇格していくのであるが、最高でエリアマネジャーまでしか昇進できない。そこでキャリアが頭打ちになる。本部採用の現地社員もまた、頭は日本人駐在社員に抑えられている。したがって、高い賃金を得ようと思うのであれば、外食産業などの比較的賃金水準の低いところで経験を積み、さらに賃金の高い産業に転職していくことを考えていても不思議ではない。台湾におけるジョブホッピング[10]はこうした社内におけるキャリアの断絶に原因の１つがある。この企業に限ったことではない。職務給制度自体にキャリアと賃金の天井が比較的低いという特徴があり、ジョブホッピングも職務給制度に含まれる自然な特徴と言えるのではないだろうか。また、この企業ヒアリングにおいて印象的だったのは、店舗従業員の昇格に「筆記試験」が必要だということであっ

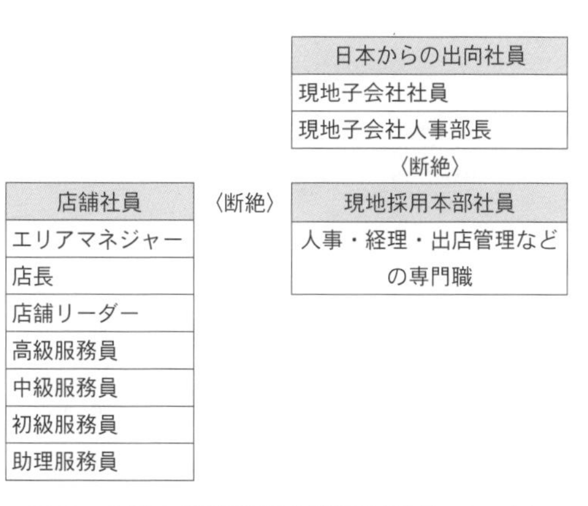

図５　台湾の職務等級と職種別職位のモデル

（出所）筆者日系企業ヒアリング（2018年）から作成。

た。その理由について、担当者は「透明性」のためであることを強調していた。台湾では賃金や昇進を決定する場面において、従業員から「透明性」を求められるため、上司の主観的な査定だけでなく、客観的な「試験」を設けているケースが多い。次の現地企業の事例でも「試験」の存在の大きさを見ることができる。

（2）職務給制度の中で管理職を育てるための工夫

職務を中心に据える雇用制度で運用される組織では、企業活動全体を見る目を持った管理職育成が課題となる。職務別にキャリアが構築されるのであれば、同職場内であっても異なる職務間の配置転換を行うことは困難である。従業員も職務間の異動には反感を抱き、離職の原因にもなる。したがって、配置転換によって多くの職場を経験させて管理職を育成する日本でお馴染みの方法を容易には導入できない。筆者が2019年夏にヒアリングを行った[11]台湾現地資本のホテルチェーンでは、社員を客室・クラーク・キッチン（内）・キッチン（外：ホールの仕事）の職種に分類しており、採用時から一貫して同じ職種内で、上位の職務等級へと上がっていくのが一般的なキャリアであり、他職種のキャリアと配置転換することはない。他支店への異動も稀である。

図6は、ヒアリングの際に提供された客室スタッフの職務階級と職務内容についての表を筆者が日本語訳したものである。職務階級に職務内容が対応する。職務階級を上がっていくことで職務内容が高度になっていく。職務階級を上げるには社内検定を受けなければならない。しかし、検定をクリアして職務階級が上がったとしても、2年に一度課されるKSA（Knowledge・Skill・Attitude）訓練で評価を受け、その結果、職務能力が条件を満たさなかった場合、職務階級が下がることもある。KSA訓練では、まず、対象となる労働者に自己評価と前試験が課される。前試験の前に、上長により、期待する職務の水準と現在の技能とのギャップが評価される。その後実施される前試験の結果、求める職務能力の水準に達していなかった部分について研修計画が設計され、訓練が実施される。その後、後試験が実施され、不十分であった部分について再評価が行われる。その試験に合格すれば職務等級は維持されるが、不合格であった場合

<table>
<tr><th rowspan="2">職務階級</th><th colspan="5" rowspan="2">職務名称</th><th rowspan="2">職務能力</th><th colspan="12">客室スタッフ　職務内容</th></tr>
<tr><th>準備作業</th><th>客室と共用部分の清掃</th><th>客室と共用部分のメンテナンス</th><th>忘れ物の処理</th><th>設備メンテナンス</th><th>客室品質管理</th><th>備品在庫管理</th><th>顧客関係管理</th><th>公共安全</th><th>人員管理</th><th>仕事報告関連</th><th>チームの発展</th></tr>
<tr><td>6</td><td></td><td></td><td></td><td></td><td rowspan="2">客室組長</td><td rowspan="6">1.道具使用知識
2.客室清掃技術
3.公共安全衛生知識
4.設備メンテナンス知識
5.仕事への積極的な協力
6.同僚との助け合い
7.消耗品の節約
8.仕事の効率</td><td></td><td></td><td></td><td></td><td></td><td></td><td></td><td></td><td></td><td></td><td></td><td>儲備幹部の育成</td></tr>
<tr><td>5</td><td></td><td></td><td></td><td rowspan="2">房務リーダー</td><td></td><td></td><td></td><td></td><td></td><td></td><td></td><td></td><td></td><td></td><td>仕事の報告書の数値の理解、効率化の推進</td><td>1.監督と作業過程の指導
2.チームで頑張る雰囲気の醸成
3.チームの仕事</td></tr>
<tr><td>4</td><td></td><td></td><td rowspan="2">客室幹部</td><td></td><td></td><td></td><td></td><td></td><td></td><td></td><td>在庫の点検</td><td>危機管理の三段階</td><td>1.消防の誘導
2.実施班形成
3.突発事態への対応</td><td>1.シフト表の作成
2.人員調整
3.上司の確認を得る</td><td>1.毎月の仕事の統計の分析
2.毎月の仕事の統計の作成</td><td rowspan="2">1.新人の訓練、その地域の情報熟知、清掃知識
2.上司の代理をこなす
3.上司とコミュニケーションを取り協力する</td></tr>
<tr><td>3</td><td></td><td rowspan="2">専門客室員</td><td></td><td></td><td>仕事の前に必要な備品等の確認</td><td>1.道具使用法
2.道具のメンテナンス知識
3.拭き作業知識</td><td>清掃用具と保養用品の使用法を認識する</td><td>客室の忘れ物の処理をする。</td><td>メンテナンスの必要性の判別</td><td>客室品質の維持</td><td>在庫の分析と予測</td><td>クレーム処理</td><td rowspan="2">1.消防と実施班の任務の知識
2.実地訓練への協力
3.清掃用品の安全知識
4.保養用品の安全知識</td><td rowspan="3">上司の勤務要請に協力する</td><td rowspan="3">毎日の仕事記録と消耗品使用統計表の作成</td></tr>
<tr><td>2</td><td rowspan="2">一般客室員</td><td></td><td></td><td></td><td rowspan="2">1.備品カートの正常配備
2.布巾カートの正常配備
3.空気品質管理
4.除湿を完遂</td><td rowspan="2">3.ベビーベッドの設置
4.客室業務の全体認識
5.工具備品室の整備</td><td rowspan="2">1.保養用品5つを常備する
2.客室を月に一度保養する
3.共有部の保養を月に一度行う
4.季節ごとの保養を行う
2年に一度の保養を行う</td><td rowspan="2">1.忘れ物の処理を自分では行わない
2.忘れ物を幹部に報告する
3.マネジャーとともに解決する</td><td rowspan="2">1.電球の交換
2.壁紙の簡単な補修
3.便器のつまりの処理</td><td rowspan="2">1.客室の見回り
2.客室の掃除
3.部屋の保養の完成</td><td rowspan="2">1.在庫の確認
2.消耗品の定期検査
3.使用期限の確認
4.消耗品の品質確認
5.消耗品の欠陥発見</td><td rowspan="2">1.消耗品不足
2.客室の簡単な問題解決
3.客室騒音解決
4.先に謝る
5.できることはまずやる
6.処理できないことは上司に報告</td><td rowspan="2">1.同僚とコミュニケーションを取る
2.仕事に対する協力的な態度を取る</td></tr>
<tr><td>1</td><td></td><td></td><td></td><td></td><td></td></tr>
</table>

図6　台湾現地ホテルチェーンの職務と職務階級

（出所）2019年夏、ヒアリング対応ホテル支配人から提供された資料を筆者が翻訳した。

には等級が1つ下がる。最後にKSA訓練の結果について、訓練を受けた従業員からのフィードバックを受ける。査定に関する透明性の確保が徹底されているのである。

(1) で紹介した日系企業では観察できなかったが、このホテルチェーンでは職務給制度の中での管理職育成を手がけている。ヒアリングに対応したホテル支配人は、管理職を他社のように、外部人材を即戦力として採用するのではなく、「日本と同じように」自社内で育成すると述べた。職務別に隔絶された台湾の職場でどのように管理職を育成するのだろうか。このホテルでは「儲備幹部」という制度を設けて、一般従業員から選抜する形式をとっていた。「儲備幹部」制度とは､台湾の大企業やグローバルチェーンのホテルでも見られる「幹部候補育成制度」と一部類似したものであるが、完全に社内に閉じた選抜システムである点がこのホテルチェーンの特徴である。

以下､このホテルで導入されている｢儲備幹部｣制度について概説する。まず、1年に一度「培訓班」と呼ばれる訓練チームが結成される。｢培訓班」は10人の一般従業員が各支配人の推薦によって選抜される。｢培訓班」はプログラムに従い、4カ月のクラークの研修で職務階級3（専門）の水準に至っているか試験される。また、客室業務でも同様に訓練と試験が実施され、こちらでも職務階級3の水準に達することを求められる。加えて、それぞれ2カ月のキッチン（内)(外）の研修を受け、職務等級2の試験に合格しなければならない。これらの合計1年にわたる研修と試験に合格した者だけが｢儲備幹部｣となる｡｢培訓班」のうち「儲備幹部」になるのは5割程度であるという。｢儲備幹部」になると他支店への配置転換、つまり転勤の可能性も出てくる。

KSA訓練も「儲備幹部制度」にしても、台湾の雇用制度の中には多くの「試験」が組み込まれている。また、「試験」はその点数の理由付けが客観的で透明性が確保されていることが求められる。賃金や昇進の決定に会社や上司による査定が重要な役割を持つものの、そこに根拠不明瞭な恣意評価が入りにくくなっている。

おわりに
――台湾的雇用はどこに収斂していくのか――

台湾の労働市場の分析により、正規の雇用が中心であるものの、勤続年数は男女ともに短い。賃金の決定には職種以外に産業が深く関わっており、大学で専攻した学部がその後の就職先の産業に影響を与える傾向があって、直接的な性差別はないが、大学の学部専攻における男女の選好の違いが結果として男女の賃金格差の原因となっていることが示唆される。

台湾の雇用慣行はアメリカ的な範囲レート職務給を基礎に台湾ローカルな要素を組み込んだものであると考えられる。職務給制度はキャリアの天井が比較的早期に訪れ、社内の職務別キャリアがそれぞれ断絶しているという特徴を持っており、離職率を高めるジョブホッピングを誘発する性質を内包している。したがって、管理職を養成するのは容易ではない。しかしながら、管理職を自社内で育成する「儲備幹部」制度を構築している台湾企業も存在する。その企業では管理職の社内育成を「日本的な」ものとして考えていたが、管理職育成制度が適用され、配置転換による訓練が行われるのは、限られた一部の幹部候補社員のみであるから、日本企業における正社員のキャリアの実態とは相違点も多い。

また、台湾の雇用制度では各所に透明性を確保する「試験」が存在する。「試験」は使用者が労働者を評価するためだけではなく、労働者側も使用者の恣意的な評価がないかどうかを確認する場となる。「試験」の存在が使用者と労働者の間の「信頼」を形成する担保となっているのではないだろうか[12)]。

台湾における人事労務の制度は外観だけみれば、グローバルな形に収斂しているように見える。しかしながら、日本的な制度を吸収していった過去や台湾自身で形成してきた使用者と労働者の信頼関係を担保する試験文化は現在も根っこに存在し、台湾的雇用慣行として、制度の運用に影響を与えている。そうして出来上がった制度は、グローバルな形に見えるものの台湾的であり続けている。この傾向は今後も変わらないのではないだろうか。

＊本研究は【JSPS科研費21K01723】「台湾においてサービス業に進出する日系企業に現地人材を定着させる人事施策の検討」の研究の一環であり、その助成を受けたものである。

注

1）中華民國立法院行政總院統計處「人力運用調查（2020年）」表18を参考。

2）台湾における産業別の賃金格差問題については、國府［2018］にて論じた。

3）台湾の学歴推移については、國府［2017］を参照されたい。

4）中華民國勞動部「109年勞工生活及就業狀況調查報告（2020年）」表78を参考。
5）例えば、Dessler［2012］。
6）黄［1989］では1966年出版の森五郎著『労務管理』（ダイヤモンド社）が引用されていた。
7）範囲レート職務給については、遠藤［2014：86］を参照。
8）台湾における日系企業ヒアリング結果については、國府［2019］を参照されたい。
9）日本の外食チェーンの配置転換については、國府［2021］にて論じているので参照されたい。
10）ジョブホッピングとは、賃金のより高い就職先に転職を重ねていくことをいう。
11）2019年夏の台湾現地企業ヒアリングの詳細については、國府［2020］にまとめた。
12）台湾の雇用慣行に見られる「試験」の位置付けについては、労務理論学会第31回全国大会統一論題にて、討論者の伊藤太一先生の総括とフロアにおける議論の中から発想された仮説である。

参考文献

渥美俊一［2010］『チェーンストア 能力開発の原則（全訂版）』実務教育出版。
遠藤公嗣［2014］『これからの賃金』旬報社。
國府俊一郎［2017］「台湾女性が大学院に進学する理由——台湾における学歴と生涯賃金格差の研究——」『労務理論学会誌』26。
國府俊一郎［2018］「台湾における高学歴化と不完全就業——宿泊業・飲食サービス業を中心に——」『日本台湾学会報』20。
國府俊一郎［2019］「台湾に進出する日系外食産業における人材育成・確保のための施策の研究」『アジア経営研究』25。
國府俊一郎［2020］「台湾進出日系サービス企業におけるキャリアの発展空間と現地人材定着に関する研究」『アジア経営研究』26。
國府俊一郎［2021］「正社員の多様な勤務区分制度を持続的に運用していくには」『経営論集』（大東文化大学経営学会）、41。
黄英忠［1989］『人力資源管理』華泰書局。
吳秉恩・黄良志・黄家齊・溫金豐・廖文志・韓志翔［2015］『人力資源管理：基礎與應用』華泰書局。
羅彥棻・許旭緯［2018］『觀光餐旅人力資源管理-新時代新挑戰』全華出版。
Dessler, G.［2012］『現代人力資源管理』（方世榮・楊舒蜜編訳）、華泰文化。

（筆者＝大東文化大学）

1．統一論題報告へのコメント

伊藤　大一　ITO Taichi

はじめに

第31回大会（2021年度）の統一論題は、「人事労務研究の国際比較――その動向と展望――」であった。コロナ禍のもと、アメリカではバイデン政権が誕生し、プロ・レイバー政策と大規模な所得再分配政策を志向するという、歴史的な分岐点を目の当たりにしている。その一方で、GAFAに代表される人工知能（AI）を活用したプラットフォーム型ビジネスの伸張、そして労働法の保護外であるギグ・ワーカーの増大という現実も認めざるをえない。

山崎報告は、このようなアメリカ流資本主義、ビジネスのあり方、そのもとでの人事労務管理に「収斂」するという。しかし、資本主義のあり方は、各国ごとの多様性と歴史があり、収斂するのだろうか。この問いに対して、五十畑報告は、ヨーロッパ流資本主義、フランスの雇用慣行から、資本主義の多様性に関する議論の素材を提供している。

しかし、アメリカもフランスも植民地を獲得した資本主義国であり、植民地にされた側からみた場合、人事労務管理の形成は同じように描けるのであろうか。国府報告は、日本によって植民地とされた台湾の人事労務管理の形成から、議論を展開する。このコメントでは、① ここ数年来における学会内外の労使関係の議論を整理し、② 各報告の議論の橋渡しを提供する、この２点を課題としたい。

1　学会内外における労使関係をめぐる議論

2013年に開催された労務理論学会第23回大会共通論題において、遠藤［2014］は「労使関係論の終焉」を宣言した。この背景には、労働組合による職場規制力や社会的影響力の低下を指摘し、その役割を果たせてないという認識がある。さらに遠藤は、今後の研究では、労働組合（集団的労使関係）でなく、労働NPOなど多様なアクターによる運動の分析をするべきとしている。

しかし、「終焉」したはずの労使関係論は活発に議論され、出版されている。本学会では、黒田［2018］が労使関係の戦後史を描いた。本書は労使関係を研究する際に、必ず参照されなくてはならない文献となるであろう。今野［2020］は、「寂れた伝家の宝刀」ストライキによって、活発化する労働組合運動を豊富な事例から分析した。

ここからは学会外の議論をみてみる。まず、木下［2021］は企業別労働組合を否定し、産業別労働組合への転換を強調する。ただ、筆者は、産業別労働組合であるアメリカ労働運動の実態から、木下の議論に疑問を感じざるをえない。アメリカの労働運動もやはり、組合員の減少、社会的影響力の低下に苦しんでいる。労働組合組織形態こそが本質的な問題なのだろうか。

この点にヒントを与えてくれるのが本田［2019］である。本書は1954年に発生した近江絹糸争議を舞台に労働組合から提供された多くの写真を資料として使用した点に特徴を持つ。これらの写真を見ると、中卒で10代の労働者達の企業に抵抗する様子が生き生きと映しだされている。労働組合の組織形態でなく、このような「生命力・躍動感」に満ちた活力こそが労働運動発展・再生の原動力になるのではなかろうか[1)]。

浅見［2021］は戦後イギリス労使関係の代表的な文献をサーベイし、「集団的な労使紛争」にとどまらず、「個人的な紛争」を視野に入れ、労使関係論の「レジリエンス（回復力）」を示唆している。本書は「労使関係論の終焉」を宣言した遠藤の議論を厳しく批判もしている。その根拠として、労働組合組織率は低下しているが、「個人的な紛争」として労使紛争は健在であるとし、労使関係論の発展も続く、としている。

しかし、「組織化（Organized）」や「団結（United）」を必要とせず、集団的労使関係を前提としない労使関係論は成立するのだろうかと、疑問を感じざるをえない。さらに「個人的な紛争」を視野に入れる浅見の研究と、労働NPOなど、労働組合でない組織を視野に入れる遠藤の研究は、本質的に対立するのでなく、むしろ同一の地平に立っているようにみえる。

最後に濱口・海老原［2020］は日米英仏など各国の主要な文献をサーベイしている。本書の特徴は、賃金をめぐる産別労組との対立的な交渉（外部要因）と、企業内の利害調整機能をはたす企業別労働組合やドイツにみられる経営協議会（内部要因）に2分し、この内部要因と外部要因とのバランスを労使関係安定化のキイとしている点にある。

2　各報告に対するコメント

（1）山崎報告「人事労務管理の社会との連結の回復」

山崎報告は、人工知能（AI）のビジネスへの応用、象徴的にはGAFAに代表されるプラットフォーム型ビジネスの伸張を念頭に、そのもとでの経営労務管理の変化、ギグ・ワーカーと化す労働者や労使関係の変化をとりあつかった刺激的な報告であった。山崎報告は、KaufmanとUlrichに依拠しながら、比較HRM（Comparative Human Resource Management）は国際HRM（International Human Resource Management）へ収斂する、としている。

この国際HRMの労務管理とは、プラットフォームを構築する中核企業と、その中核企業の下請とに二分化、二極化を不可避とする。中核企業で労務管理の特徴は、企画、設計、戦略立案など非定型業務をおこない、職務でなく、潜在能力の開発･評価を軸とした管理となる。一方、ネットワーク下層企業では、労務管理の特徴は定型的業務で、職務を中心に管理される。

この山崎の議論は刺激的であるが、これまでも議論されてきた問題でもある。山崎の議論はこれまでの議論と、どの程度異なるのか、二極化の進展はどの程度この社会の有り様を変えるのか。これらの点が検討されなくてはならない。これらの点はあとで議論したい。

（2）五十畑報告「フランスにおける人事労務管理」

五十畑報告は「学歴社会」フランスの実態を雇用システムの点から報告した。「ジョブ型」「メンバーシップ型」の議論を参考に、どちらか一面的に理解する議論が多い中で、五十畑はフランスの労働社会において、カードル層（マネージャー層）とそれ以下の階層で処遇に相違のあることを指摘する。

人事労務管理から見ても、カードル層は内部労働市場で、その処遇もメンバーシップ型に近く、カードル以下の層は外部労働市場でジョブ型として処遇される。さらに、この階層分化は学歴と地続きであり、カードル層への給源は修士学位を持つ者である。学士卒の多くは中間職となり、高卒（バカロレア取得者）の多くは従業員となり、無資格者の多くは工員となる。このように学歴と職業社会の強い結びつきを持つ労働社会がフランスの特徴となっている。

戦後フランス社会は学歴社会として「分断」された社会であった。しかし、「分断」はされていたが、学歴社会として「安定」した社会でもあった。問題は、なぜ「分断」されながらも、「安定」していたのか、その仕組みを明らかにすることである。この点を明らかにすることで、「分断された政治」「分断された社会」と形容され、対立の激化している現代アメリカ社会に対して、フランス社会はオルタナティブを提供する可能性を持ち、収斂論に対する批判を形成し得る。

フランス社会を安定化させる仕組みとして、五十畑報告は1947年に制定されたパロディ・クロワザ省令の役割を指摘する。パロディ・クロワザ省令とは、職務と賃金のマッチングを法的に強制する制度である。さらに労働供給側の要因である最終学歴、職業資格と組み合わせることによって、最終学歴から職業社会への国家的システムとして構築される。

このように労働市場を国家の強力な介入によって調整しようとする志向は、フランス資本主義の特徴をなす。イギリスやアメリカの労使関係を念頭に置くと、労使自治（ボランタリズム）がその前提となり、国家による介入は極力忌避される。しかし、フランスの雇用システムはむしろ国家主導によるシステム構築となる点に特徴を持つ。

一方で、フランスのシステムは国家主導であるために「硬直的」になりやすいという欠点も持つ。例えば、技術革新によって新しい職務がうまれるたびに、労働力供給源の学歴水準、労働力需要面の賃金水準を国家が法律として定めなくてはならない。さらに、労働力需要と労働力供給に対して、これだけ国家介入しているにもかかわらず、学校から労働への移行過程はスムーズでなく、高い若年失業率をフランス労働市場は示している。

この背景には、フランスで主流の賃金制度である職務給の影響がある。日本社会で主流の職能給は、労働者の潜在能力開発を重視し、学校を卒業した後、アルバイト経験しかない若者を企業内訓練によってその潜在能力開発をおこなう点に特徴を持つ。よって入職時に、職業経験は重視されていない。しかし、職務給では潜在能力でなく、その時点で発揮できる技能（顕在能力）が必要となる。つまり、学校を卒業した学歴は就職に対して「必要条件」であるが、「十分条件」でない。フランスの若者は「十分条件」の職業経歴を得るために、有期雇用などで職業経験を積んだり、フランス版「インターンシップ」である「スタージ」を通して、職業経験を積んだりして就職に備える［五十畑 2020］。

さらに職務給との関係で指摘しなくてはならないことは、社会保障制度との関係である。範囲レート職務給は、日本の年功賃金に比べてより緩やかな賃金上昇を描く。そのため、社会保障給付を無視すると、結婚、出産、より広い部屋への転居、子女の教育費負担などに賃金上昇が追いつかず、多子貧困に陥るリスクを職務給で働く労働者は抱える。このリスクをヘッジするために、こども手当、家賃補助、教育費低額ないしは無償など社会保障制度が発達することになる[2)]。

よって、職務給と社会保障制度を一体として考えると、戦後フランス社会は「学歴社会として分断された社会」であったが、「安定した社会」として機能していた。つまり、福祉国家として安定的であったといえよう。ただ、山崎報告との関係で指摘すると、この安定したフランス社会に関する論点は、人工知能やプラットフォーム型ビジネスの発達などによって、その安定性の条件を奪われ国際HRMに収斂するか、否かとなろう。

（３）国府報告「和洋織り交ぜた台湾的雇用慣行の探索」

国府報告は、台湾の労務管理を扱った貴重な報告である。アメリカもフランスも植民地をもった宗主国であった。台湾は日本の植民地であった過去を持つ。労務管理論・労使関係論は支配的地位にあった国々で発達した学問であり、植民地化された側から見ると、これまでにない視点を得られる可能性を持つ。

国府報告によると、台湾の労務管理、労使関係の特徴は、主要な賃金制度として範囲レート職務給を採用し、上位職務への昇進において、試験や外部資格を重視している点にある。国府報告は自らの台湾における就労経験やインタビュー調査によって、貴重で豊富な事例を提供している。下位の職務等級では、詳細な職務記述書があるが、上位職務になると、職務内容も大まかな記述になっている。台湾において多くの一般労働者は、職務等級の上限に達すると賃金上昇も頭打ちとなり、多くの労働者は他企業への転職を考えることになるとしている。

フランスでは、カードル層とそれ以下職種では隔絶した区分があるが、台湾においても区分はある。ただし、国府報告は、日系企業の事例調査として、一般従業員から管理職に登用される「儲備幹部（チョビ）」の存在を指摘している。

国府報告で興味深い点は、台湾の労務管理において試験を重要視している点である。台湾において労働組合は国民党の戒厳令下において監視の対象となり、その後も規制下におかれた。そのために、労働組合の規制力を期待できないもとで形成された「公正で客観的な評価・賃金制度」を担保する制度として試験が労使双方の「妥協点」になり、ゲームのルールの１つとして定着したのではないだろうか。

かつての日本では「公正で客観的な評価・賃金制度」は「年功（年齢と勤続年数）」と労働組合の規制力によって担保され、欧米では「範囲レート職務給」と労働組合の規制力によって担保されていた、とするならば、労働組合の代わりに台湾では「範囲レート職務給」と試験によって担保されていた、といえるのかも知れない。この点については推測の域をでないので、今後の検証を必要とする。

いずれにしても、各国の労務管理、労使関係の特徴はその国が持つ歴史や政治状況によって大きく左右され、多様性を有する。国際HRMか比較HRMか、収斂論か類型論か、現実はどのように推移するのか、台湾を含めた多様な実証分析が必要とされるであろう。

3　われわれは何を議論しなくてはならないのか
――おわりにかえて――

最後に、収斂論について検討しよう。人工知能（AI）などの発達によって国際HRMに収斂するという議論は刺激的な議論であるが、「古くて新しい」議論でもある。たとえば、ポランニー［2009］は資本主義の発達を「悪魔の挽き臼」とし、これに対する「社会の自己防衛運動」の結果としてファシズム、ソ連型「社会主義」の伸張を位置づけた。また、フランス人であるアルベール［2011］はアメリカ型資本主義とアルペン型、ライン型資本主義とを対置させて議論した。このように収斂論をめぐる議論は、「古くて新しい」問題である。

いま、わたしたちの眼前で広がる現実は、コロナ禍を契機としたバイデン政権による所得再分配政策と最低賃金上昇政策、プロ・レイバー政策への志向である。わたしたちは従来の新自由主義的な政策の大きな転換を目の当たりにしている。この現実は、山崎報告での収斂論に対して、「国際HRMの中心地であるアメリカにおいてさえ、社会の二極化、分断化そしてその固定化は簡単に進まない反証」として理解もできる。しかし、「コロナ禍をきっかけとしているが、バイデン政権の政策を「社会の自己防衛運動」と理解するならば、国際HRMへの収斂が加速し、「悪魔の挽き臼」の回転が速まった、社会の二極化への駆動力増大の例証」として理解することもできる。

仮に、社会の二極化が固定されたとするならば、労務管理、労使関係はどのようになるだろうか。「ネットワーク上層」では、管理業務、ネットワーク設計業務などが中心となり、労働者というよりも、管理監督者、上級エンジニア達の世界となるであろう。「ネットワーク下層」では、労働者ないしはギグ・ワーカーと呼ばれる労働法の対象にならない個人自営業者がその中心となるであろう。

ネットワーク下層では、労働者を対象にした不熟練労働者達の産業別労働組合、木下・今野説的展開がみられるかもしれない。この産業別労働組合の活動方針は、政府に対して所得再分配政策や最低賃金政策の充実を求め、団体交渉ではストライキ戦術を使用しながら、賃金上昇を求める方向である。個人自営業者を主体とするならば、労働組合という形態をとらない運動、浅見・遠藤説的な展開がみられるかもしれない。しかし、濱口・海老原説的にいうならば、「企業内の利害調整機能（企業別労働組合や経営協議会）」を持たず、集合取引を通した「企業外の対立的賃金交渉（産業別組合）」に頼った労使関係は労働者の「Voice」を日々の業務に反映できずに不安定化する、といえるかもしれない。

収斂論をめぐる議論は、大きな論点であり刺激的な論点である。しかし、空想的な議論にもなりやすい。本学会では、地に足をつけた厳密な実証分析の積み重ねを第1に考えながらも、幅広い視野を忘れることなく議論することが大事であろう。批判的な視座を失わないために。

注

1）本田［2017］も労使関係を扱った重要な文献であるが、紙幅の関係から割愛した。

2）日本の賃金を見ると、正社員の賃金には「住宅手当」「扶養手当」などがある。これらの項目は、日本社会では賃金として支給されるが、フランスやイギリスなどでは社会保障として給付されている。結局、家計の生計費としては賄われることになる。但し、社会保障として対象者に給付されるフランス・イギリスと、正社員でないと給付対象にならない日本社会との相違は、明記されなくてはならない。また、社会保障無しで職務給として成り立っている国家として、アメリカがある。アメリカは例外となる。

参考文献

浅見和彦［2021］『労使関係論とはなにか』旬報社。

アルベール，M.［2011］『資本主義対資本主義《改訂新版》』（小池はるひ訳・久水宏之監訳）、竹内書店新社。

五十畑浩平［2020］『スタージュ-フランス版「インターンシップ」』日本経済評論社。

遠藤公嗣［2014］「労務理論の到達点から考える労使関係」労務理論学会編『労務理論の再検討』晃洋書房。

木下武男［2021］『労働組合とは何か』岩波書店〔岩波新書〕。

黒田兼一［2018］『戦後日本の人事労務管理』ミネルヴァ書房。

今野晴貴［2020］『ストライキ2.0』集英社〔集英社新書〕。

濱口桂一郎・海老原嗣男［2020］『働き方改革の世界史』筑摩書房〔ちくま新書〕。

ポランニー，K.［2009］『大転換』（野口健彦・栖原学訳）東洋経済新報社。

本田一成［2017］『チェーンストアの労使関係』中央経済社。

本田一成［2019］『三島由紀夫が書かなかった近江絹糸人権争議』新評論。

（**筆者**＝大阪経済大学）

学会創立30周年記念企画

労務理論学会のこれまでの歩みとこれから

基調講演　森川　譯雄　（第５代会長：広島修道大学 名誉教授）
パネラー　林　　正樹　（第４代会長：中央大学 名誉教授）
　　　　　黒田　兼一　（第６代会長：明治大学 名誉教授）
　　　　　谷本　　啓　（同志社大学）
司　　会　清山　　玲　（第10代会長：茨城大学）

構　　成　山本　大造　（プログラム委員会）

学会創立30周年記念企画
労務理論学会のこれまでの歩みとこれから

The 30th anniversary of the Academy's foundation special program：
The progress and future perspectives of 'Japan Academy of Labor and Management'

基調講演	森川	譯雄	（第5代会長：広島修道大学 名誉教授）
パネラー	林	正樹	（第4代会長：中央大学 名誉教授）
	黒田	兼一	（第6代会長：明治大学 名誉教授）
	谷本	啓	（同志社大学）
司　会	清山	玲	（第10代会長：茨城大学）
構　成	山本	大造	（プログラム委員会）

司会　清山 玲（敬称等略、以下同じ）

「創立30周年記念企画」として、労務理論学会のこれまでの歩みとこれからを展望して、森川譯雄先生に基調講演をいただき、林 正樹先生と黒田兼一先生、そして谷本 啓先生からお話をいただくことになっております。皆様どうぞよろしくお願いします。

基調講演　森川譯雄

「学会のこれまでの歩みとこれからについて」ということで話をさせていただきます。4人の労務理論学会創立メンバーの先生について語るようにというご注文があったのですが、結局、まとめ始めると、古林喜楽先生に行き着くわけです。そして、古林先生が労務理論学会初代会長を務められた海道 進先生をゼミ生に持っておられたということです。

海道先生によりますと、「昭和18（1943）年に古林先生のゼミに入って、以来

33年間、先生のお側に接することができ、良き恩師に恵まれた幸せにただただ感謝するばかりある」と言っておられます。そして、海道先生は、古林先生のご経歴と50名ばかりの追想記を載せて一冊の本を出しておられますが、この本のタイトルは『古林喜楽』になっています。また、古林先生の著書・論文や最終講義も入れて、第1巻から第9巻まで千倉書房から出版しておられます。合わせて10冊で古林先生がご逝去になってから15年間の歳月を要して集大成しておられます。本当に海道先生のそうした凄まじいと言いますか、その意欲と言いますか、あるいは古林先生に対する恩義と言いますか、もうまさに驚嘆するばかりです。

日本経営学会理事長などを海道先生も歴任されておられますから、やはり日本の経営学を考える上で、是非こういう業績を残したいというふうに考えておられたのだと思います。

この『古林喜楽』という一冊の本を元に調べますと、古林先生は、昭和2（1927）年、京都帝国大学経済学部を25歳で卒業し、和歌山高等商業学校に着任しておられます。そして早速、J.S.ミルの生産論や分配論について論文を書き、もうフィヒテの弁証法の訳書も出版しておられるということで、論理学も猛勉強しておられる成果が出ております。

ところが、校長からいきなり「経営学の講義をしてくれないか」ということで、結局、経営学の研究を始められました。それが元となって、昭和6（1931）年に、神戸商業大学、今の神戸大学に移られて、海道先生にお会いになったということです。

古林先生の学問的業績は、ご存知のように素晴らしいのですが、途中で学長などもしておられたにもかかわらず、絶えず論文・著書を出しておられます。なお、フィヒテは、当時の官憲の問題もあったのだと思いますが、その訳書は偽名でというか、「小西文雄」という著名で出しておられます。

古林先生の実績の中で特に私が注目しているのは、経営学の専門家として先生が大学設置審議会副会長になられたことです。高度経済成長期の下で、経営学や商学を学んだ人材を育成すべきであるという立場に立ち、尽力されていたということです。今日の皆さんがたくさん、この労務理論学会にお入りなった背景事情にもなっているのだと思います。

私も、広島商科大学（現 広島修道大学――1973年４月に校名変更）ができて２年目に行きましたが、そういう古林先生のお考えもあって、修士課程を修了したばかりで未成熟の私を送り出していただいたことになるわけです。

やや裏話になりますが、広島修道大学（当時 広島商科大学）の初代学長で原田博治先生という方がおられたのですが、その方は、かつて彦根高商の先生だったので、和歌山高商の古林先生と親しかったようです。これは問題になるようなことはないのですが、古林先生が原田先生に商科大学創設についていろいろアドバイスされたということで、広島修道大学ができた礎を作っていただいたということが言えるかと思います。

今日、経営学の研究者も増え、経営学を学んだ学生が多数出るようになったことにも古林先生の貢献は大きいとみています。

では、古林経営労務論ではどういうことが理論的基礎になっているかというと、これは海道先生がおまとめになった『古林喜楽著作集』第７巻にあります。基本的な内容だと思いますので、少し引用させてもらいます（以下「　」は海道先生の言葉『　』は古林先生の言葉）。「経営学的研究が、経済学的研究を基礎にすること、したがって単なる心理学的、生理学的、社会学的、技術論的研究ではなく、経済学的研究に徹することの重要性が強調される。『経営のなかにおいて生起する労働の問題は、これを生産技術論的にも、労働生理学的にも、産業心理学にも、社会学的にも研究することはできる。しかしそれらはあくまでもそれぞれの別個の研究であって、経営学の研究とは区別される』」。「『経営学は本来経営経済学であるべきであるし、また伝統的にもそうであった』。したがって、労務の研究は、この経済学的研究を中心とすべきであり、そのことが根拠づけられる。そして、学際的研究においても、『経営学者が指導的役割をはたす』ことを指摘される。それは、企業において経済が決定的役割を演じ、終局的目的を規定しているからに他ならない」ということで、たいへん明快に古林先生の考えをまとめておられます。

『追想録』の中に、木元進一郎先生や島 弘先生がご自身で書かれた文章がありました。それを紹介させていただきますと、第2代会長の木元先生は、「神田の古本屋街で先生のご高著『経営労務論』(古林喜楽著) を発見した」。しかし、「当時学生であった私にとっては大変高価なものであったが何とか工面して求めることができた時の喜びは今も忘れることができない」と述べておられます。実は、私も修士課程のころ、神戸の古書店で同書を見つけたが、高価なので図書館を利用することで我慢した経験があります。ところが、他の労務関係の古書は、『経営労務論』に比較してその値段が十分の一にもならないものが多く、同書がいかに価値ある本であり、経営労務理論のパイオニアとして、時とともに重要度をましていることを痛感しました。

特に、木元先生は「爾来この書物は、今日に至るも私にとっては大きな指針でもあれば、またたどりつこうとしてもたどりつくことの容易でない目標の1つとして励まし続けてきてくれている」と評価しておられます。

島 弘先生は、同じこの本に「古林先生を偲ぶ」というタイトルで、「古林先生の解明は、どこででも強調されているように歴史的であり法則的な分析を基礎にされているのであるが、同時にその理論の技術的側面にまでその分析が及んでいき、その現象面での矛盾にまで批判を進められるところに、大きな特徴があるように思う」と述べておられます。

労務理論学会創立後6年間理事を務められた長谷川 廣先生とは、実は私はその時初めてお会いしたのですが、広島修道大学の経営学専攻増設のとき、古林先生と交流のあった長谷川先生にメンバーに入っていただきました。そして、集中講義にお越しいただいた時には、すでに古林先生がお亡くなりになっていて、たいへん残念だったのですが、長谷川先生と話しているうちに、同じ山口県岩国市出身と知り、いろいろくつろいだ話をしました。

さて、労務理論学会の創立とその経緯については、1991年3月20日付の「労務理論学会設立趣意書」に、「1．経営労務の経済学的研究の推進」から「7．労務研究者間の国際的な学問の交流」まで基本的な研究テーマを七つ示しておられます。そうしたテーマで、「以上の趣旨にご賛同の方の入会を切望しております」と書いておられます。そして、労務理論学会設立準備委員会発起人として、上記の4人の先生を含めて16人の先生方のお名前が紹介されていますが、全員が現役の大学教授の方です。

当時の会員名簿によると当初123名の方が入っておられます。その名簿を調べましたら、16名の発起人の大学関係の方がかなりお入りになっておられると推測できます。そして、その後、研究意欲旺盛な社会保険労務士の方々も加わっておられます。

1991年5月の第1回全国大会後刊行された『労務理論学会研究年報』第1号には、本学会の目的について書いてあります。「その目的とするところは、経営労務の経済学的研究であり、単なる実務的研究ではない。アカデミックな理論的研究である」として、当学会の基本目標が了承されているわけです。ここには「経済学的研究」ということが、よく出てきます。古林先生は、まさに経済学からスタートしておられますが、そうした経済学というものを「基礎にすべきだ」ということを言っておられると受け取っております。

第13回全国大会（2003年度）は、広島修道大学で開催いたしました。ちなみに、広島修道大学は、古林先生、海道先生とも関係が深く、古林先生が学長を務めていらっしゃったこともあります。海道先生は、大学院の集中講義に来ていただきましたし、さらに「古林文庫」の誕生に尽力されたという経緯があります。古林文庫には、みなさん、学会のメンバーの方も、これまで来ていただいております。

その大会後、私が次期会長を引き受けることになりました。いったんお断りしましたが、しかし結局、閉会直前になって、やはり迷惑をかけてはならないと思いまして、私が会長を引き受けることになりました。したがって、第4代林会長からバトンタッチしたということになります。林会長はすぐ引継をするために、わざわざ東京から来られまして、いろいろ説明もされました。その中で島先生からの高額の寄付金、200万円の「小野憲研究奨励基金」の通帳と印鑑を渡されて、私も保管に困りました。研究室に置いてうっかりしたらたいへんなことになるだろうということで、島先生に「使わせていただけませんか」と手紙を出したところ、「学会の発展になるような案があれば」ということでした。

よく考えてみますと、確かに具体的な企画とか必要資金も示さずに、よく大胆にお願いしたものだと反省いたしまして、この件については、幸い企画力があり、リーダーシップもある次期（第6期）会長、黒田兼一先生にお願いしたということです。

それから会長になりまして、これまた大任を仰せつかったのですが、本学会の会員、鈴木良始先生の紹介で、ABM（Asian Business & Management）誌の特集号として、当学会が日本的経営に関する論文を寄稿することになりました。2006年12月発行の同誌に載せるため、黒田兼一先生、小越洋之助先生、猿田正機先生、田村 豊先生、永山利和先生の各氏に論文を執筆していただきました。それらを鈴木先生にお世話をしていただき、日本的経営の特質とか変容、実態、問題点などについて、国際比較の視角から分析検討した内容となっています。ここにも、本学会の特徴が示されていると思います。

パネラー　林　正樹

（報告テーマは）「私の研究活動と学会活動――レジリエンス（resilience：回復力、弾力性）がなければ やってられない！」ということになっています。全体の趣旨は、研究活動と学会活動というのは、時として時間的に相反関係にあって、なかなか研究も進まない､あるいは研究に集中しているときには学会活動が「負担になる」と思うこともあります。この問題をどう克服するか、これから克服する良い方法を求めて、みなさんと議論したいという趣旨で、題名を付けさせていただきました。

さて、研究活動と学会活動を考えるという意味で、まず「われわれは、一体何者なのか？」ということを見てみると、大学教員が一番多くて、（会員）231名中、161名。そして大学院生33名。研究所の方が７名、社会保険労務士の方が30名（2019年版『会員名簿』）。

私は教員でしたので、教員の業務から考えると、A（授業やゼミ、会議等の学内業務）、B（組合等の所属大学内外の業務）、C（研究活動・学会活動）等に分けられますが、これらを１つ１つ真面目にやっていると、Cの研究活動というのは、よほどの強制力とか自分が強い意志を持っていないと、やっていけないというか、レジリエンス‘resilience’（窮地からの回復力や反発精神）がないと、日常の大学の教育目的とかその他に時間を取られてしまいます。こういうことを自覚せざるを得ません。

私の研究活動は、そういう中でも、まあなんとか、少し成果を出したかなということで、一応10冊の著作を紹介します。その10冊のうち『日本的営の経営学』（中央大学生活協同組合出版局, 1995年）が学位審査論文です。『日本的経営の進化』（税務経理協会, 1998年）が、その学位審査論文を元にして税務経理協会から出版していただいたものです。こういう次第で、私は学会の仕事だけをしてきたわけではなくて、研究成果に対して中央大学学位審査委員会による審査を受けて、1995年に博士学位を授与されました（その他、著書・論文等の目録は『商学論纂』中央大学、第53巻第５・６号、2012年３月10日発行に掲載）。

私の研究・学会活動は岩尾裕純先生や長谷川先生を始めとする多くの先生方のご指導・ご支援があったればこそなのですが、本学会との関係で１つ付け加えるならば、ライカー（Jeffrey K.Liker）、フルーイン（W.Mark Fruin）、アドラー（Paul S.Adler）達の“REMADE in AMERICA”（1999年出版）を見つけたという幸運がありました。その内容に共鳴し、触発されたので、私と同じ商学部の同僚（河邑肇氏）や他大学の教員になった元大学（院）ゼミ生および現役大学院ゼミ生を中心にして、篠崎恒夫先生（札幌大学）等の協力を得て、翻訳出版させていただきました（『リメイド・イン・アメリカ――日本的経営の再文脈化――』中央大学出版部、

2005年）。

しかし、私はもともと大学院生の頃から労務管理制度について研究していたのですが、それらの技術・労働・管理の研究をまとめるという点では、時間が足りなかっただけではなく、労務理論学会に最もふさわしいテーマとしての研究は、残念ながら成果をまとめるまでには至らなかったという忸怩たる思いを持っています。

それでは先輩方はどうだったかというと、先ほどの長谷川 廣先生は、本学会第１回大会に於いて、初日の第１報告をしておられます。また、本学会の第11回大会（2001年度 立命館大学）においても、記念講演（1.「現代の経営革新と人的資源管理」）をされておられます。大学内部では、学部長や常任理事を歴任され、学問とその他の活動を両立させておられます。また、長谷川 廣先生は、本学会第10回大会総会（2000年６月）に於いて本学会の顧問に就任されております。1998年３月に中央大学を定年退職されていたこともあり、本学会の会長職にこそ就任されませんでしたが、私が本学会の第４代会長職を何とか無事に務めることができたとすれば、それは長谷川 廣先生のご推挙とご支援に加えて先生のご人徳の賜による所が大であると、心から感謝しております。

もうお一人、グローバリゼーション時代の学会の在り方という視点から、「10周年記念講演」をお引き受け戴いた長谷川治清先生がおられます。長谷川治清先生は、同志社大学からシェフィールドに行かれた後、ニューヨークのPalgrave社からABM（Asian Business & Management）誌を主幹として創刊され、また同志社大学に戻られたという方です。長谷川治清先生は、ご講演の中でＡＢＭ誌の刊行理由について、「グローバリゼーション」の中で経営学の研究をやっていくためには日本の研究者が書いた英語論文が必要であり、ご自分が英文雑誌の出版のお手伝いができるということで、ＡＢＭ誌を労務理論学会の会員にお勧めになりました。私も論文を執筆し、2002年刊行の第２号に載せていただきました。先ほど森川先生が紹介された労務理論学会特集号（Vol.5, No.4）を発行する際に、私も黒田兼一先生、安井恒則先生や百田義治先生などと共に編集委員としてお手伝いさせていただきましたが、学会の宝物を１つ増やして戴いたと感謝しております。

海外の研究者や学会との連携という視点では、先ほどのP.アドラー氏には私から手紙を出して、労務理論学会の講演を依頼し、第15回大会（2005年度 作新学院大学）にお招きすることができました。その内容は、鈴木良始先生が翻訳をして下さり、『労務理論学会誌』第15号に特別講演（「テーマ:「アメリカにおけるトヨタ生産方式――人的資源管理と労使関係に関する考察――」）として掲載されています。

このP.アドラー氏は、当時、アメリカのCMS、Critical Management Studiesのリーダーでありました。2003年にCritical Management Studiesがアメリカの経営学会、Academy of Management（AOM）の中の小グループとしてスタートしたのですが、その４～５年後には分科会に格上げされています。そして彼自身は、AOMの会長に就任され、2016年、日本経営学会の第90回大会（専修大学・神田キャンパス）では、記念講演（日本経営学会『経営学論集』第87集所収）をお引き受け下さいました。そういう意味では、P.アドラー氏はご自身の学問と学会活動や学内の活動を両立しておられるわけで、私はもっと頑張らねばならなかったのだなと反省しておるところであります。

最後に当学会の課題ですが、設立趣意書に盛り沢山の適切な研究目的・研究領域が示されている割には、学会会則第２条の「学会の目的」が「経営労務の理論的研究」と一行で明記されていますが、「さっぱりしすぎているな」という感じがしています。これではあまりにも素っ気ないと思います。私は「経営労務の**実態・歴史・学説等に関する**理論的研究」というふうに太字・下線部を追加して理解しておりますが、いかがでしょうか。

また、（労務理論学会誌）編集委員会（規定）の第２条に、「毎年12月末日までに、『学会誌』を刊行する」ことになっています。編集委員の先生方だけではなく、全ての学会員の方々にその趣旨をご理解戴きたいです。「学会は毎年の６月初旬に開催し、半年後には学会誌を刊行する」。ここに、わが学会の魅力が蓄えられ増大してきた理由、エネルギーの源泉があると信じています。

『学会誌』は「レフリー制の導入と市販化」で改善されたのですが、さらに、「若手研究者の発表・執筆の機会」を他の学会、どこの学会にも負けないようにするために、「査読の基準」を議論し、その内容を公開することを提案致します。

パネラー　黒田兼一

私は労務理論学会30年間の歴史について、『学会誌』と学会賞を中心にお話します。

森川先生もお話になっていますけれども、『研究年報』第1号に「労務理論学会の創設にあたって」という海道先生がお書きになっているものがあります。そこには、重要なことが書かれています。第1に「120名をこえる会員が参加」していること、第2に「経営労務のアカデミックな理論研究」が必要なこと、そして第3に、この時代（1991年当時）にあってはかなり先進的だと思いますが、「女子労働」、「女性労働の研究」を掲げていることです。これは発起人16名の中のおそらく竹中恵美子先生、高島道枝先生たちが強く主張されたのではないかと思います。そして第4に、林先生がおっしゃった意味で、「歴史研究も大事」であること。最後に、森川先生も触れておりましたが、古林喜楽先生の言葉として、「批判的精神を発展させることがこの学会の基本的な任務である」と高らかに宣言しているという点は、たいへん大きなことを意味していると思います。

この30年間の歴代会長は、学会HPを見ていただきたいと思います[1)]。現在の10代目の会長、清山先生は、当学会初の女性会長です。たいへんご活躍いただいて、学会としても大きく発展していく可能性を見せてくれているのではないかと思います。

私が理事として最初に関わったのは『研究年報』（後に『学会誌』と改称）編集委員です。学会設立当時は『研究年報』という名称で、しかも大会開催校の事務局が報告者から原稿を集めて編集し、印刷・製本をし、発送まですべて責任を持って行っていました。当時のものを見ますと、会員総会の議事録、そして会員名簿まで掲載されていました。

『研究年報』は、大会開催校が編集·印刷·発送などすべてをやっていたので負担が大きいということで、第８回大会（1998年度 同志社大学）の総会で、事務局から切り離して「年報刊行委員会」を作るということになり、最初の委員長が林 昭先生でした。

当時の島会長は、学会創設10周年を迎える前に、学会の改革を準備しなければならないと主張され、「年報等あり方検討委員会」（林 正樹委員長）を組織して検討することになりました（1997年５月設置）。１年ほどの検討の結果、①学会理事会とは別に「年報編集委員会」を作ること、②『年報』を市販化すること、③レフリー制を導入すること、④若手研究者を奨励するために「学会賞（研究奨励賞）」を創設すること、を答申しました。

この中で一番大変だったのは、このレフリーです。当時、200名前後の会員ですから、いわば顔なじみです。「レフリーをどう選んでいくのか」が難題でした。いろいろ議論して、結局、編集委員会の２名が投稿されてきた各論文の査読担当者として張り付いて、それ以外に編集委員以外の人がレフリーをしていこうという形でまとまりました。

北海道の網走にある東京農業大学オホーツクキャンパスで開催された第９回（1999年度）大会で、これらすべてを総会で決議して、現在に至る基礎ができました。

レフリー制を導入して最初の号が『研究年報』第10号（2000年12月刊行）です。審査の上で掲載許可が出たものは、趙 容会員を含めて５名の会員の論文です[2)]。皆さん、現在では第一線で活躍している方々の論文です。この第10号は『年報』としては最後の号となりました。

翌2001年に、名称を『労務理論学会誌』に変更し、晃洋書房と契約をして市販化に踏み切りました。市販化のためには経費も必要だったため、これを機にそれまで5000円だった年会費を、（学会誌を）だいたい2000円前後のものにしたいということで、7000円に値上げしました。それに付随して、著作権協会に登録、ISBN番号の取得等々いくつかの作業が伴いました。また学会費の徴収や管理などの作業の外部委託もこの年から始めました。

学会賞の創設は、それなりの経費問題もあったのですが、特に若手会員の育成を目的に研究奨励賞を作ろうということで積極的に提案され、これも第9回大会の時に決めました。第1回の研究奨励賞は、現在副会長をやっていただいている橋場俊展会員が、「『従業員参加』論とチーム法」という論文で授与されました。それ以降、昨(2020)年、第9回目の研究奨励賞として中地二葉会員まで、9人の会員が授与されています[3)]。

その後、2006年には新たに学術賞を制定しました。2007年に小越洋之助会員の『終身雇用と年功賃金の転換』(ミネルヴァ書房) が最初の学術賞を受賞され、これまで8回 (2020年) 9著作が受賞しています。若手の会員も2人ほど入っています。

学会賞としては、もう1つ、2017年に特別賞を設けました (第27回大会総会諏訪東京理科大学)。これは必ずしも学術研究書としての体裁をとっていなくても社会的な影響力ある優れた著作に授与しようというものです。その第1回目として、2018年、第28回大会 (同志社大学) で、森岡孝二会員の『雇用身分社会』(岩波新書) が受賞されました。

また、本学会は社会保険労務士との繋がりが1つの特徴ともなっています。これについては、いろいろな偶然が重なってできたのですが、他の学会に比べて社会保険労務士の方に比較的多く入会してもらっています。ご存知のように社会保険労務士とは雇用と人事労務の国家資格です。その方々が人事労務のより高度な研究をしたいと入会を希望し、学会としても歓迎してきました。2009年からは理事 (岩城猪一郎 理事) にも入っていただきました。こういう関係からの影響でしょうか、近年の社会保険労務士会の活動スローガンに「人を大切にする企業づくり、人を大切にする社会の実現」を掲げるようになってきています。残念ながら「人を大切にしない」社会保険労務士も散見されますが、まっとうに頑張っている社会保険労務士が入会してきています。これからもこの学会の中で「人を大切にする」ことの理論を磨いていくことを期待したいです。

こうした活動を続けていくための学会の運営資金は､会員の会費が基本です。上述したように、この30年間の節目節目で、いろいろな新しい制度を作ってきて、それが今日の学会の土台を築きあげてきました。しかし、そのためにはお金がかかるのも事実です。ありがたいことに、そうした新しい活動の運営資金が必要な時に、多額の寄付をいただくことができました。その１つが、第３代会長の島先生のご尽力で得た多額の外部寄付でした。また第５代会長の森川先生も自ら寄付されて「研究奨励基金」を創設されました。さらに社会保険労務士会付属の「労務管理研究センター」からも多額のまとまった寄付を数年間いただいてきました。学会賞（研究奨励賞）や地方部会の補助金等は、これらの資金を元にしてできたのです。また20周年記念の『経営労務事典』(晃洋書房、2011年)、これは当時の会員の約半数150名近くの方々の執筆による学会挙げての記念出版でしたが、この出版もそういう資金があったからこそできたわけです。このように考えますと、この学会の30年の発展の歴史は、会員の不断の努力はいうまでもありませんが、当学会を外から支援する人々の力があってこそだと実感します。あらためて御礼を述べたいと思います。

学会のアイデンティティーとして、実は2007年に経営関連学会協議会から、それぞれの学会の特徴を捉える「キャッチフレーズ」作りを求められ、いろいろ議論して､「批判的精神に立脚しながら、人間らしい経営労務を求めて、理論と実際を研究する」としました。このキャッチフレーズは、現在でも学会のホームページのトップに書かれております。

私は、学会としては小さな学会ですけど、社会から見て非常に光っている、魅力ある学会にしていく必要がある、このような意味を込めて「小さくともキラリと光る魅力ある学会」と叫んできました。(会員が) 年一度の大会に来て、いろんな理論を拝聴するだけではなくて、主体的に参加する学会が、今後も求められているし、そうしていくべきだろう、そう期待したいです。

最後に、この学会の初代会長の海道 進先生が書いておられる言葉を引用して、結びとします。「学会が科学的探求の批判的精神を喪失し、単なる現象の叙述にのみとどまるならば、それは科学の墜落になるであろう。また現象の発生の客観的必然性の本質も把握できないでは、理論欠如の批判を免れえないことにもなる」(『労務理論学会研究年報』第1号、1991年10月刊、1ページ)。

パネラー　谷本 啓

第3代会長の島 弘先生と労務理論学会の関わりについて話すようご依頼を受けました。ただ、島先生が会長だった時期（1997年5月~2000年6月)、私は大学院生でしたので、島先生も当時の学会事務局を担当されていた上田 慧先生も、院生にはあまり学会の運営に関することはお話になりませんでした。しかし、島先生がちょうど会長だった時期も含め、どういうことを門下生に話をしていたかということを少し紹介させていただきます。

島先生と労務理論学会の関わりといたしましては、これまでご紹介にありましたが、門下生といたしましては、むしろ学会（の各日の日程）が終わったら、(私たちを）飲みに連れて行って、いろんな諸先生方を紹介していただいて、先生方とのコミュニケーションが深まり、さらに研究に関して様々な薫陶を諸先生方や島先生から頂いたというのが、学会に参加していて、今につながる有意義な面ではなかったかと思っております。

島先生が同志社大学を退職された後に、丸山惠也先生編著による『批判経営学』(新日本出版社, 2005年）で、「現代企業と労務管理の特徴」(第6章）を執筆されております。

島先生は、資本主義体制下における現代企業の労務ないしは労務管理について批判的に捉えるということを常日頃からおっしゃっておられました。ただ、それは単に批判するというだけではなくて、そこにある矛盾とは何かということをヘーゲルの弁証法を用いて、それを分析の枠組みとしながら、矛盾点を見いだし、そしてそれが次にどう発展していくか、解決と批判点も含めて、どう発展していくかということを考えなければならないということをおっしゃっておられたように思います。

ただし、資本主義体制下にある企業の問題を矛盾で捉えると言いながらも、矛盾が全てではないともおっしゃっていました。矛盾ではなく物事には対立関係にあるものがある。そして、対立関係とはコインの裏表のような、その対立が双方ともに存立するということがあり得ると。矛盾ではなくて対立を捉え、しかも対立になった場合は、そのどちらかの側面が主たる規定要因になる時がある。その主たる規定要因をちゃんと捉えなさいということも話されていました。これは見田石介先生の『資本論の方法』という本を島先生が読まれた時に、あらためて矛盾だけにとらわれてはならないということに気がつかれたそうです。

現在の実証研究が全盛の中で、単にファクト・ファインディングするだけではなく、哲学的・論理学的思考により、なぜそのような現象が起きるのかということを説明することが求められます。経営系の多くの学会の中でも、労務理論学会は、その系譜を残している数少ない学会ではないかと思う次第です。

もちろん、多くの批判経営学に対する批判というものがあります。丸山惠也先生の本でも、例えば一橋大学の谷本寛治先生の『企業社会のリコンストラクション』での批判を紹介しつつ、次のように述べておられます。批判経営学とは、「マルクス主義のイデオロギー的な批判であるという批判もありますが、しかし同時にそれを超えていく、まさにそういった批判に対してあるべき姿を考えることができる」。もちろん、かつての「資本主義を体制的に打倒して」とかいう話ではなく、様々な問題が現代社会にある中で、それをどう超えていくか。問題点を解決して、より良い社会を考えていくには、どうすればいいかということを考えることができるのも、この学会の特徴ではないかと思います。

単なる事実発見やいわゆる実践へのインプリケーションなどが求められる研究だけではなく、学問的にあるべき未来について考えているというのが、この労務理論学会の現代的な意義ではないかと、今更ながらに思う次第です。

最後に、島先生が、日頃、事あるごとにおっしゃっていた言葉を紹介させていただきます。「企業は人間の幸福のために存在するのであって、人間が企業のために存在するのではない」。「当たり前」のように聞こえるかもしれませんし、実は私も学部学生として最初に聞いたときにはそう思いましたが、今ではそれがいかに難しいかを知ることになりました。また同時に、このような「当たり前」のことを論じていくことができる機会が非常に減っているのかも知れません。それを学問的に、まさに真なるものを追求することができる学会であることを島先生は期待したのではないかと思う次第です。

司会　清山　玲

森川先生が紹介された古林先生については、『経営労務論』(東洋出版社, 1940年)が有名です。この学会と強く関係すると思いますが、「奴隷の言葉」で書かなければならなかったという、その時代に出版された本だからかもしれませんが、団体業績給、最低生計費や最低賃金に対する論考など、すごく抑制されていて、ひとつひとつ丁寧な事実に基づきながらもピリリとした皮肉も効いて、本当に今読んでも新鮮な、学ぶべきものがあります。

谷本先生が紹介された島先生の言葉、「企業は人間の幸福のためにある･･･」、しかしそのような企業組織をつくることは容易ではありません。だからこそ、働く人たちがおかれている困難な現実を明らかにし、なぜこういう状態になるのか、職場や組織はどうあるべきなのか、どうすれば働く人にとっても組織にとってもより幸せな状態を実現できるかを考える、大きな枠組みをふまえながらも、同時に１つ１つのミクロの組織についても考察する研究が必要だと考えられたのだと思います。そういうとても熱い想いでできた学会だということを共有し、この学会のDNAをさらに発展させて、より良いものにしていきたいと思います。

さて、大変残念ですが、この学会の「30周年記念企画」を閉じなければなりません。新しいHP等に過去のニュース、その他の文書等掲載しましたので、ぜひご覧いただきたいと思います。労務理論学会創立30周年記念企画にご参加いただき、ありがとうございました。

付記

本稿は、2021年６月26日、労務理論学会第31回全国大会（福岡大学：オンライン開催）にて、「学会創立30周年記念企画」として行われた基調講演及びシンポジウムを元に作成された。この企画では、プログラム委員会から各報告者に個人的な経験を中心にお話しいただくよう依頼した。ただ、紙幅の都合で省略せざるを得なかった部分がある。なお、本稿は各報告者の確認と承諾を得て、プログラム委員会が作成した。文章上の誤りがあるとすれば、その責任はプログラム委員会にある。

注

1）労務理論学会HP（https://jalmsince1991.wixsite.com）トップメニューより＞組織・人事を参照のこと。
2）労務理論学会HP（同上）＞学会誌を参照のこと。
3）学会賞（研究奨励賞）、学術賞、特別賞の受賞者とタイトル等は、労務理論学会HP（同上）＞学会Newsにある各号を参照されたい。

（**構成**＝愛知大学）

自由投稿
【研究論文】

1．電産賃金体系のその後の変化
――「職責給」の導入――

Subsequent Changes in Densan Wage System: Introduction of "Managerial Position Allowance"

山口　陽一郎 YAMAGUCHI Yohichiro

はじめに

電産賃金体系は、第二次世界大戦直後の1946（昭和21）年12月22日に労働組合（以下、組合）と会社の間の合意（以下、十二月協定）により成立した電力産業の賃金体系である[1]。

電産賃金体系において、組合は「最低生活保證賃金制」の確立を掲げ、「生活保証給」は「生活費を基準とする最低賃金の確保」を図り、能力給は「労働の対価」に対する支払いであり生活保証給の＋α部分として査定によることを要求した[2]。

十二月協定で成立した内容は、組合が要求した賃金体系、賃金額のうち、能力給へ配分する賃金額が中央労働委員会（以下、中労委）の調停で減額されたのを除き、組合の要求どおりであった[3]。しかも、新しいベースは、十二月協定前の賃金額の約1.7倍、当時の日本の製造工業労働者の賃金水準のほぼ２倍にあたる高賃金であった[4]。

会社は、高い賃金水準が社会の耳目を集める中、半年後の1947年７月に新たな原資負担を伴う管理･監督者に対する「職責給」の導入、同年８月には全労働者向けに能力給の増額申し入れなど、能力給（部分）拡大化の申し入れを組合に行った。なぜ、会社が大きな原資を負担してまでも、しかも十二月協定における中労委の調停額に匹敵するほどの職責給の導入、能力給の増額改訂を行おうとしたのか。さらには、職責給の導入については、会社は５回にわたる再三の申し入れを行うなど、足かけ４年の歳月をかけてまで組合と最終合意した事情とは何か。

電産賃金体系の全体については、「戦後の『生活給』思想具体化の典型」として評価されている［氏原 1966：110-113］。その主な理由は、生活保証部分が平均額で月例賃金の約80％の大きさであることである。他方、職責給の導入については、これまでの研究ではほとんど取りあげられていない。中山編［1956：653］は生活保証給部分と能力給の割合に関連し「職責給」・「職務給」[5]の存在を指摘し、労働争議調査会編［1957：187-188］は会社が「役付者の能力給的部分の拡大を企図し」、「職責給（いわゆる役付手当）」を新設したと指摘するに止まる。

職責給の導入を含む能力給部分の拡大化を企図した会社の申し入れは、十二月協定の根幹を大きく揺るがすものである。本稿の課題は、その動きをたどるとともに、職責給の導入に注目し、十二月協定以降の毎年の賃金改訂交渉により組合と協定された能力給に関する上限額協定がもたらした問題点を修復するために行われたことを明らかにすることである。

本稿は、「日発記念文庫」所蔵の会社側の文書資料を用い、本稿が初出と思われる数値情報による分析を含めて研究課題にせまる[6]。

Ⅰ　十二月協定後の能力給拡大化

職責給導入などの背景にある会社の考え方をたどり、能力給の拡大化を確認する。

1　現行体系の考え方

「賃金体系の修正について」[7]により、会社の考え方をたどる。本節に関連のある３点を取りあげる。第一に、賃金の本質は、１つは「賃金は労働の対価であってその質と量に応じて配分」され、２つは「賃金は労働者の最低生活を維持」するものという。第二に、「賃金体系の理想」は、「職務をその責任性、重要性、困難性によって職務評価」した「職務の公正な価値」に応じて支給される「職務給」に、「標準的作業量以上に個人の能率が発揮されたときに個々の能力に応じて支給される能力給」を配した「職能給の体系」を主軸とすべきという。第三に、現行体系は、「労働者の最低生活保証の原則に偏し過ぎて生活実態も労働の質と量とに応ずる面も等閑に附せられている」と問題視する。

会社は、現行体系の問題点から、賃金体系修正の方向として次の点を提示する。本節に関連のある２点を取りあげる。第一に、「能力給」は、月例賃金に占める割合が小さいため「フラットな賃金」になり「勤労意欲を減退」させている。「能力給の比率を相当程度に引き上げ」る必要があるという。第二に、「職責手当」(後述の「職責給」）については、「責任に対する考慮が少しもなされてい」ないとし、「長たるもの丶責任が何等かの形でみられないではやはり質に応じた賃金」とはいえず、「会社活動の中心となる者の勤労意欲の向上」を図る必要があるという。

2　能力給の拡大化

電産賃金体系は、生活保証部分が平均額で月例賃金の約80％の大きさであることから、生活給賃金体系といわれている。しかし、十二月協定以降の5年間にわたる月例賃金の構成割合の推移をたどると、能力給の拡大化・生活保証部分の縮小化が確認できる。

まず、電産賃金体系の主要な賃金項目について説明する[8)]。

「生活保証給」は、エンゲル係数を考慮した最低生活費を算定基礎とし、「本人給」と「家族給」からなる。本人給は、本人の年齢だけで決まる40歳で頭打ちになる。家族給は、扶養家族１人あたりの生計費として家族数に応じて決まる。「能力給」は、各人の「技能度」(職務の「重要度」＋「困難度」）を算定基礎とし、査定（「発揮度」）により決まる（後述）。

そもそも電産賃金体系は、生活保証部分の月例賃金（基準労働賃金のこと）に占める平均的割合は79.5％、能力給の割合は20.5％でスタートした。その後、能力給は5年で徐々にその割合を高めながら、1951年4月には27.1%を占めるほどに拡大した（**表1**）[9]。

能力給の拡大化は、電産賃金体系の成立後間もなく、① 1947年8月に会社が申入れた能力給増額の申し入れから始まった（**表1**のⅡ欄参照、後述）。その後、② 組合との毎年の賃金改訂交渉ごとに能力給のベア率を高めに、生活保証給のそれを低めに設定することにより進められた。十二月協定から5年間におけ

表1　月例賃金と構成割合の推移

協定時		Ⅰ（1946-12-22協定）			Ⅱ			Ⅲ（1948-3-25仮協定）			Ⅳ（1949-3-26協定）		
		（1,854円ベース）		【参考】ベア率	−		【参考】ベア率	（5,358円ベース）		【参考】ベア率	−		【参考】ベア率
	改訂期	46-11			47-10			48-4			48-7		
金額及び比率		金額	%	%	金額	%	%	金額	%	%	金額	%	%
生活保証給	本人給	870円	46.9	−	870円	44.3	0.0	2,450円	45.7	181.6	2,938円	43.1	−
	家族給	372	20.1	−	372	18.7	0.0	1,045	19.5	180.9	1,257	18.5	−
	計	1,242	67.0	−	1,242	63.2	0.0	3,475	65.2	179.8	4,197	61.6	−
能力給		380	20.5	−	480	24.4	26.3	1,222	22.8	154.6	1,639	24.0	−
勤続給		86	4.6	−	86	4.4	0.0	231	4.3	168.6	144	2.1	−
計		466	25.1	−	566	28.8	21.5	1,453	27.1	156.7	1,783	26.1	−
以上計（※1）		1,708	92.1	−	1,808	92.0	5.9	4,948	92.3	173.7	5,980	87.7	−
地域手当		134	7.2	−	134	6.8	0.0	375	7.0	179.9	742	10.9	−
冬営手当		12	0.7	−	24	1.2	100.0	35	0.7	45.8	97	1.4	−
計		146	7.9	−	158	8.0	8.2	410	7.7	159.5	841	12.3	−
以上合計（※2）		1,854	100	−	1,966	100	6.0	5,358	100	172.5	6,821	100	−

協定時		Ⅴ（1949-3-26協定）			Ⅵ（1950-3-30協定）			Ⅶ（1951-4-10協定）			Ⅷ【参考】5年間のベア率
		（7,100円ベース）		【参考】ベア率	（8,500円ベース）		【参考】ベア率	（10,200円ベース）		【参考】ベア率	
	改訂期	49-1			50-4			51-1			
金額及び比率		金額	%	%	金額	%	%	金額	%	%	金額
生活保証給	本人給	3,060円	43.1	24.9	4,116円	47.8	34.5	4,672円	44.4	13.5	437.0
	家族給	1,311	18.5	25.5	1,536	17.8	17.2	1,928	18.3	25.5	418.3
	計	4,371	61.6	25.8	5,652	65.6	29.3	6,600	62.7	16.8	431.4
能力給		1,707	24.0	39.7	2,052	23.8	20.2	2,856	27.1	39.2	651.6
勤続給		150	2.1	-35.1	165	1.9	10.0	180	1.7	9.1	109.3
計		1,857	26.1	27.8	2,217	25.7	19.4	3,036	28.8	36.9	551.5
以上計（※1）		6,228	87.7	25.9	7,869	91.3	26.3	9,636	91.5	22.5	464.2
地域手当		773	10.9	106.1	631	7.3	-18.4	753	7.2	19.3	461.9
冬営手当		99	1.4	182.9	121	1.4	22.2	140	1.3	15.7	1066.7
計		872	12.3	112.7	752	8.7	-13.8	893	8.5	18.8	511.6
以上合計（※2）		7,100	100	32.5	8,621	100	21.4	10,529	100	22.1	467.9

（筆者注）1. 各賃金項目の平均賃金は電産計・男女計。
2. ※1：「基本賃金」のこと。
3. ※2：「基準労働賃金」のこと。
4. 「【参考】（ベア率）」：筆者試算。なお、「Ⅴ」欄のベア率は、「Ⅲ」欄を基礎にして算出した。
たとえば、「24.9」は（3,060÷2,450）×100-100＝24.9　である。
5. 「Ⅷ【参考】5年間のベア率」：筆者試算。「Ⅰ」欄を基礎にして算出した。
たとえば、「437.0」は（4,672÷870）×100-100＝437.0　である。

（資料出所）Ⅰ～Ⅶ：「基準賃金変遷一覧」（東京電力労務部給与課　作成日記載なし　日発資料5249『賃金関係資料』）より一部抜粋。

る能力給のベア率は651.6%、生活保証給のそれは431.4%と約1.5倍ものベアが行われた。

これらの能力給の拡大化に加えて、③ 能力給部分の拡大化が図られた。すなわち、後述する職責給の導入、職務手当の新設である。

Ⅱ　能力給増額の申し入れ

本節は、職責給の検討に先だって、会社が組合からの賃金引き上げ要求によることなく、1947年８月に組合に申し入れた能力給の増額に注目する。「能力給の比率を相当程度に引き上げ」る方策として、会社が提案した具体策の第２弾である。

能力給は、十二月協定において「１人１カ月平均400円程度」として成立したが、1946年11月からは暫定実施により平均額は380円とされた（**表１**）。そもそも能力給については、組合の要求額は「平均800円程度」であり、会社の主張は十二月協定時の「本給平均額たる300円」であった[10)]。これらの経緯から、十二月協定時における会社の当初の姿勢は能力給を低めに主張し月例賃金をできる限り圧縮しようとしたことが推測されるが、中労委の調停により引き上げられ決着した経緯がある。

しかし十二月協定成立から８カ月足らずの後、会社は1947年８月、能力給について「十月一日カラ源資ヲ四八〇圓ニ増額」したいとする「申入書」を組合に提出した[11)]。能力給は100円増額され、能力給で26.3%、月例賃金で6.0%にあたるベースアップが図られた。十二月協定における能力給の決定にあたっては、組合の要求額に対し会社は大幅な引き下げを主張した経緯があったことを考慮すると、わずか８カ月後に会社の原資負担により大幅な能力給の増額に転じたことは注目すべきである。

会社の申し入れにより能力給を平均480円とするにあたっては、労使の「事務折衝により、能力給、冬營手当等の修正」が行われたという[12)]。能力給の増額は組合からの賃金引き上げの申し入れによるのではなく、しかも「事務折衝」で決着した背景は何か。本節では、3つの事情をあげたい。

第一に、1947年8月の能力給増額申し入れは、同年4月、組合が十二月協定の賃金スライド条項に基づき生計費を基礎とする賃金引き上げの即時実施を要求し、労使交渉が行われているさなかに行われたことである。会社からの能力給増額の申し入れは、組合要求を先取りする形で、理想とする賃金体系に近付けるために「本格的査定の必要」から行われたという[13]。会社は、賃金引き上げが組合要求による場合は、まず生活保証給原資が優先的に確保されることを恐れたであろう。第二に、組合からみても、当時の物価高騰の中で賃金増額に対する組合員の切実な期待が高かったことを考慮すると[14]、生活保証給ではなく能力給の増額であったとしても組合からみると受け入れやすかったと推測される。しかし、結果的に能力給の拡大化をもたらした側面がある。組合の主な関心事は賃金額の増額にあり、会社のそれは賃金体系の改訂にあったといえよう。第三に、会社の支払能力は、「企業の生産能率と一定の関係」を保てるような支払能力が十分とはいえないにしても、相当程度にまで回復している状況がみられたことである[15]。

Ⅲ　能力給の上限設定と職責給

本節の理解を容易にするために、能力給のきめ方のあらましについて説明する。能力給の算定式は、「能力給単価」×「技能度」×「発揮度」である[16]。第一に、技能度は各人の職務の重要度（職務区分1～6級）と困難度の評点を合計したもので、最高200点～最低0点の範囲内で数値化されている。第二に、発揮度は5つの判定項目ごとに評点ウエートを乗じた評点に最高1.6～標準1.0～最低0.4の範囲内で査定される。第三に、技能度の評点に発揮度の評点を乗じて、各人の評点（合計）を算定する。第四に、各人の評点（合計）に能力給単価を乗じて、各人の能力給が決定される。能力給単価は、技能度と発揮度の相乗積である評

表２　学歴別モデル賃金と能力給の査定幅

①モデル条件			②モ デ ル 賃 金 （円）							③能 力 給 （円）		
年令	勤続	家族	本人給	能力給	勤続給	家族給	地域手当	職責給	合 計	（最高・標準・最低）		
										評点1.6	評点1.0	評点0.4
（旧大学卒・男子）												
23	0	0	3,560	1,500			1,246		6,306		1,500	
30	7	1	4,260	3,400	140	1,000	1,841		10,641	5,440	3,400	1,360
40	17	4	4,860	8,500	340	2,650	2,629	5,000	23,979	13,600	8,500	3,400
50	27	4	4,860	10,500	540	2,650	2,629	6,000	27,179	16,800	10,500	4,200
（小学校卒・男子）												
16	0	0	3,070	400			1,075		4,545		400	
20	4	0	3,350	1,000	80		1,173		5,603	1,600	1,000	400
30	14	1	4,260	2,600	280	1,000	1,841		9,981	4,160	2,600	1,040
40	24	4	4,860	5,400	480	2,650	2,629		16,019	8,640	5,400	2,160
50	34	4	4,860	6,500	680	2,650	2,629		17,319	10,400	6,500	2,600

（筆者注）１．40歳ポイント以上は、役付者である。なお、「旧大学卒」の40歳ポイントは「本店課長」、50歳ポイントは「本店部次長」などの役付者である。
２．「職責給」は、「調停案に基づき交渉中の額である」と注記されている。
（資料出所）①②：「理論月収表（東京地区換算）」（給与研究会提出分（1950年9月例会）日発資料1938『給与懇談会』綴　日本発送電労務部）より一部抜粋。
③　：筆者が②の「能力給」を基礎に能力給の最高額、標準額、最低額を試算。

点（合計）の１点あたりの単価であり、原則として毎年４月に組合との協議により改訂される。

1　能力給の上限額協定

（1）能力給の上限額協定と能力給の最高額

本項では、会社が申し入れた職責給導入の背景について、組合と協定された能力給の上限額と学歴別モデル賃金を手がかりに検討する。検討にあたっては、1950年３月協定における上限額と同年９月の学歴別モデル賃金を用いる。

電産賃金体系の生活保証給や能力給などについては、それぞれの年次において組合との賃金改訂交渉を通じて協議、決定される。しかも、能力給については平均額だけでなく最低額と最高額（上限額）についても協定された。

能力給の上限額は、たとえば1950年３月協定では１万円である[17)]。他方、旧大学卒50歳のモデル能力給は１万500円である（**表２**「②」）。旧大学卒50歳のモデル条件は、役職では「部長･支店長級」に対応し、技能度では最高の者（技能度の評点200点、職務区分６級）と格付けされる。旧大学卒50歳のモデル能力給は、組合との上限額である１万円とほぼ符合する。組合と協定された上限額は、技能度では最高の者の標準額（発揮度の評点1.0の場合）を目安に設定されたといってよい。

（２）能力給の上限額協定と「技能度」の反映

能力給の査定幅は、最高1.6～標準1.0～最低0.4である。しかし、組合との上限額協定により、能力給の最高額は標準の評点1.0の１万500円とされた。したがって、能力給の査定幅は制度上は最高1.6で設計されたものの、最高額は標準1.0にあたる１万500円の範囲内で運用することを余儀なくされた。能力給は技能度を反映する賃金であるが、その反映度は大きく減殺されることになったのである。すなわち、組合との上限額協定により、技能度の上位層においては下位層よりも技能度の反映度が小さくなったのである。技能度の上位層と下位層の別により、反映度の違いをみる。

第一に、技能度の上位層、すなわち管理職においては、査定幅は最大の1.6ではなく、1.0程度を上限として運用せざるを得なくなった。すなわち能力給は、管理職ほど、かつ査定が標準より良好な者ほど、査定差を適切に反映しないという結果をもたらした。生活保証給に能力給を上乗せし、「高学歴の人や職位の高い人」からの不満を汲み取ろうとした組合のねらいと相容れないものになってしまったと推測される。第二に、技能度の下位層、すなわち非管理職においては、組合の上限額協定の範囲内であり、査定幅は最大1.6の範囲内で運用しようとすればできる。しかしながら、賃金に対する査定の反映度は本来ならば上位層ほど大きく、下位層ほど小さく設定もし、またそのような運用がなされるのが通例であるとするならば、このような運用は奇妙な姿であるといわざるを得ない。下位層においても、上位層の運用実態に準拠しながら、上位層における能力給との逆転現象を生じさせない程度の緩やかな査定幅の範囲内で運用されたことも推測できないことではない。

2　職責給導入の経緯

会社は、組合との上限額協定により、管理職の能力給ほど大幅に圧縮せざるを得ない運用に陥った。会社が職責給導入に注力し、足かけ4年もの歳月をかけた大きな理由がある。

職責給導入の第1回目の申し入れは1947年7月である。十二月協定に基づき、同年5月に会社が作成した能力給査定基準が成立した直後である。会社にとって、組合との上限額協定により圧縮された能力給相当額を補塡することは、急を要する最大の課題であった。

職責給は、労使交渉、中労委の数次にわたる調停、斡旋を経て、実際に支給開始されたのは1950年1月である。しかし、実際の支給開始が「会社の責任で実施」されたことから組合は支給撤回を求める調停を申請し、その後の斡旋を経て最終合意に至ったのは同年11月である。

表3は、足かけ4年の間に行われた5回にわたる会社の申し入れを中心に労使、中労委の動きを整理したものである[18]。

会社は組合に対し、能力給とは別に、十二月協定にはない「職分ノ階級ニ応ジ其ノ職責」に対する新しい賃金として職責給を設けたいと申し入れた（注18の「申入書」）。組合は会社の申し入れに対し、賃金スライド問題が解決されるまでは協議を保留したいとし、中労委も賃金スライドなどに関する交渉中の案件を先に解決するとした経緯がある（第1次申し入れ）。

第1次申し入れの後、いったん合意したが、組合が先に要求した賃金スライドが実施されていないなどの理由により最終合意には至らなかった。その後も引き続いて、会社は5次にわたる申し入れをしたが、組合の中労委調停案拒否などにより「会社の責任で実施する」とし、1950年1月から「職責給支給基準」に基づき支給を開始した[19]。

「職責給支給基準」は、いわゆる役付手当として級別に12段階の区分が設けられ、それぞれの級ごとに役職名が掲げられ、支給月額はそれぞれの級ごとに最高6000円から最低500円の範囲内で設定されている。たとえば、「特1　本店

表3　職責給の申し入れから妥結まで

申し入れ年月日		労使・中労委の動き	日発資料
(1946年12月22日)		(会社・組合) 電産賃金体系に関する協定書（十二月協定）の正式調印	6867
(1947年5月8日)		(会社・組合)「能力給査定基準」の成立	5307
第1次	1947.7.12	(会　社) 部長級支店長級は最高800円以内 1級600円以内～10級100円以内	4692
		(組　合) スライド問題解決まで協議保留	3548
		(中労委) 交渉中の事業民主化と賃金スライドについて調停する	
(1947年8月30日)		(会　社) 能力給増額の申し入れ	4256
第2次	1948.3.29	(会　社) 部長級支店長級は最高2,000円以内 1級1,600円以内～10級200円以内 (会社・組合賃金対策委員) 1級1,500円以内～10級300円以内とし、 「基準外賃金」とすることで、一応合意した。 (組　合) 賃金スライドが完全に実施されていないので承認できない	3548
第3次	1949.3.1	(会　社) 最高3,500円程度（本店課長級)、最低500円、「基本外給」とする (中労委) 別件の賃金改訂問題の協定において、本件の給与体系等については 現行どおりとする幹旋案提示、妥結に至らなかった	3548
第4次	1949.8.19	(会　社) 1級3,500円以内（本店課長級）～7級500円以内 (組　合) 賃金増額等の調停進行中のため留保する	3548
第5次	1950.1.16	(会　社) 1級5,000円～10級500円 （本店部次長級は6,000円、支店部長級は5,500円）	3548
	1950.2.10	(会　社) その後の組合交渉、調停を経て、1月から「会社の責任で実施」	3565
	1950.5.9	(組　合) 調停申請	3548
	1950.11.18	(中労委) 幹旋成立 1. 職責給　1級4,500円～10級500円 （本店部次長級（特1）は5,400円、支店部長級（特2）は5,000円） 2.「職務手当」の新設　平均150円（最高250円　最低100円） 3. 臨時給与の支給　一律1,500円	0147

（資料出所）各資料より筆者作成。

部次長」は6000円、「特2　支店部長」は5500円、「1　本店課長、B及C級支社長」は5000円、「10　給電指令当直長、…修理所長（B)」は500円などである。

3　職責給設定の目安

組合との上限額協定により、技能度の上位層については技能度を適切に反映しない能力給の格差形成が進み、これらの運用上のゆがみを解消するためであったことは先述した。

会社は、1950年1月から「会社の責任で実施」した職責給の支給にあたり、「特1　本店部次長」は6000円、「1　本店課長」は5000円などと設定した経緯がある。他方、学歴別モデル賃金からみた能力給は旧大学卒の50歳ポイント（本店部次長級）の標準額（評点1.0の場合）は1万500円、制度上の最高額（評点1.6の場合）

は１万6800円、同じく40歳ポイント（本店課長級）の標準額は8500円、制度上の最高額は１万3600円である（表２）。これらの数値から、旧大学卒の50歳ポイントにおける制度上の最高額は標準額を6300円上回り、40歳ポイントにおいては同じく5100円上回っていることが確認できる。

職責給の当初の支給額（会社案）は、これらの差額とほぼ符合する。すなわち、職責給は組合との上限額協定により圧縮せざるを得なくなった能力給相当額を補塡できる程度を目安に設定されたことは明白である。

4　職責給と職務手当の新設

職責給の導入については、会社の責任で支給開始された後、組合は支給撤回を求める調停を申請し、中労委の調停、引き続いての斡旋により決着した。しかし、組合要求による組合員対象の職務手当の新設と臨時給与の支給を伴っていた。その内容は、次のとおりである[20)]。

第一に、職責給は「特１」の会社案は6000円から5400円に、「１」は5000円から4500円に減額されるなど、管理職については10％減額された。第二に、職責給の支給対象外である組合員に「職務手当」を新設し、月額平均150円（最高250円、最低100円）を支給する。第三に、職責給の支給対象外である組合員に臨時給与として一律1500円を支給する。職責給の支給対象者は、非組合員のほぼ100％、組合員の4.7％、全労働者の6.2％にあたり、職責給支給の対象者１人あたり平均は2075円、全労働者１人あたり130円である。

職責給と職務手当の新設分を含む必要原資は、会社の資料から筆者が試算すると、全労働者１人あたり約270円、8500円ベースの約3.1％のベースアップにあたる大きな会社負担を伴う手当制度の導入であった[21)]。

組合は当初、「役付は能力給に於いて既にカバーされておる」とする立場から職責給の撤回を主張した。しかし、組合員向けの職務手当の新設と臨時給与の支給により職責給導入との均衡を図ったといえよう。

ちなみに、職責給の導入により、能力給に職責給を加えた能力給部分の構成割合は、筆者の試算によると、たとえば旧大学卒の50歳ポイントでは月例賃金の49.6%から59.8%に、40歳ポイントでは44.8%から55.4%に拡大した[22]。職責給の導入は、能力給部分の拡大に大きく寄与した。

おわりに

本稿は、1946年十二月協定から1950年11月に成立した職責給の導入まで、電産賃金体系のその後の変化に焦点をあてた。

本稿が明らかにしたのは、次の点である。① 会社は、十二月協定は生活保証部分が約80%であることに注目し、生活給体系から「労働の質と量」に応じた賃金を実現するために、「能力給の比率」を引き上げる必要があるとした。会社は、このために能力給の増額改定の他、組合との毎年の賃金改訂交渉ごとに能力給のベア率を高めに設定し、能力給の拡大化·生活保証給の縮小化を進めた。② 能力給の拡大化と並行して、制度面では職責給の導入により能力給部分を大きく拡大した。基本給のもう１つの柱である能力給そのものの制度改定は組合政策上大きな困難を伴うため、手当制度による能力給部分の拡大化を選択したと推測される。③ 職責給の導入は、先行研究により明らかな「役付者の能力給的部分の拡大」の面がある。しかし、単なる能力給部分の拡大ではない。本稿が明らかにした組合との上限額協定により圧縮された能力給を補塡する大きなねらいがあったのである。いったん圧縮された能力給は、職責給により額的には部分的にせよ修復されたということができる。

電産賃金体系は、併存型体系であり、そもそももう１つの柱である能力給は平均額で月例賃金の20%程度、能力給に職責分は含まないとして協定された経緯がある。したがって、職責給を含む能力給部分の拡大化は、すなわち生活保証給の縮小化をもたらすものであり、とりもなおさず十二月協定により確立したとされている生活給賃金体系を見直す動きであったということができる。しかもこれらの見直しは、十二月協定成立の直後1947年７月から始まった。戦後日本の生活給賃金体系に対する経営による見直しの動きは、1950年代前半に現れたとされるが［笹島 2011：43］、電産賃金体系においては1940年代後半からであったことは注目される。

電産賃金体系は生活給賃金体系の典型ではないとするならば、電産賃金体系とはどのような体系と考えられるのか。いまだにほとんど解明されていないもう１つの柱である能力給の実像に注目しなければならない[23)]。そのためには、能力給のあがり方、きめ方を明らかにすることが先決であり、改めて電産賃金体系の基本的性格を見定める必要がある。今後の課題である。

注

1）電力産業において、「電産協」(日本電気産業労働組合協議会の略称）と当時の日本発送電と全国９配電会社の計10社の間の協定により成立した賃金体系である。電産協は、その後1947年５月８日に単一産業別組合「電産」(日本電気産業労働組合の略称）に組織替えされた（山口［2019：267］の注１）。

2）日発資料2028『電産要求給与民主化案全』(日本電気産業労働組合協議会　中央共同闘争委員会　昭和21年10月７日)。

3）「1854円ベースの決定経緯について」(東京電力労務部給与課　作成日記載なし　日発資料5249『賃金関係資料』)。

4）協定前の平均賃金（電産･男女計1946年10月）は、1101円である（「基準賃金変遷一覧」東京電力（株）労務部給与課　作成日記載なし　日発資料5249『賃金関係資料』)。1946年12月の製造工業全労働者（労職計､男女計､30人以上の事業所）の平均現金給与総額は、970円である（労働省『資料労働運動史』昭和20.21年)。

5）「職務給」は、後述する組合員対象に導入された「職務手当」のことであろう。

6）日発記念文庫は、電力事業の再編により清算された日本発送電が作成、保管する文書類が財団法人電力中央研究所（現　一般財団法人電力中央研究所）に寄贈されたものである。

7）日発資料5808「賃金体系の修正について」(電気事業経営者會議 昭和23年10月)。

8）注２の日発資料2028。「協定書」(昭和21年12月22日　日発資料6867『電産要求給与民主化案』)。能力給の算定式については山口［2019：273-285］。なお、「生活保証給」は、本稿が使用した**表１**を始めとして、十二月協定書、就業規則、その他会社の文書資料などで用いられているので、その用法によった。

9）電産賃金体系が1955年11月にいわゆる電力職務給に移行する直前の能力給の平均的構成割合は、35.1％までに拡大する［中央労働委員会 1955］。なお、職責給、職務手当は基準外労働賃金の1項目であり、**表１**では除かれている。

10）「能力給及び冬營手当に関する申入書写送付について」(日発資料4256『電経来翰綴１』)。

11）注３の日発資料5249。
12）有泉他［1954：93］。ただし、その経緯には触れていない。
13）「職責給に関する調停委員會（第二回）概況報告」(日発資料0147『電経情』)。
14）会社の賃金遅欠配対策として、1947年１月から1950年６月まで、毎月のように「給料半額」、「給料追加支払」などの支給が記録されている（日発資料4707『當社諸給與支給状況調書　自昭和21年２月　至同25年６月』)。
15）中労委は、いわゆる5358円ベースの成立（1948年３月25日）にあたっての調停の場において、「(電力の――筆者注）出力が戦時最高の九五％を維持してゐる」ことを指摘する(「五,三五八円ベース賃金改訂経緯について」日発資料5249『賃金関係資料』)。
16）能力給のきめ方、技能度と発揮度の評点などについては、山口［2019］に詳しい。
17）「八五ベース改訂経緯について」(日発資料5249『賃金関係資料』）。なお、後年の職責給に関する調停委員会において、「10,000円以上になるものも少しはある」と会社は説明する(注13の日発資料0147)。
18）**表３**の作成にあたり用いた日発資料は、次のとおりである。
日発資料6867：注８の「協定書」、日発資料5307：「能力給査定基準の組合への内示について」(『人管通牒控綴』)、日発資料4692：「申入書」(『労務関係資料』)、日発資料3548：「職責給に関する交渉経過概要について」(『電経労』)、日発資料4256：注10、日発資料3565：「職責給の実施について」、日発資料3548：「調停申請書」(『電経労』)、日発資料0147：「職責給其他に関する中央交渉概況報告」(『電経情』)。
19）「職責給の支給について」(日発資料3565)、「職責給の実施について」(注18)。
20）「職責給に関する斡旋経過概況報告（第四回）」(日発資料0147『電経情』)、「職責給其他に関する中央交渉概況報告」(注18)。
21）「職責給に関する調停委員會（第一回）概況報告」(日発資料0147『電経情』)。
22）筆者は、**表２**「②モデル賃金」の「職責給」を斡旋により確定した額に置き換え、「能力給」との合計額を「能力給部分」として試算した。
23）1980年代以降、能力給に注目する研究として河西［1981］他があげられるが、能力給のあがり方、きめ方などが十分解明されているとはいえない状況がある［山口 2019]。

参考文献

有泉亨・秋田成就・戸坂嵐子［1954]「電気産業労働組合（電産)」、大河内一男編『日本労働組合論』有斐閣。
氏原正治郎［1966]『日本労働問題研究』東京大学出版会。
河西宏祐［1981]「電産型賃金の形成過程聞き取り記録（Ⅰ)」『日本労働協会雑誌』267。
河西宏祐［1999]『電産型賃金の世界――その形成と歴史的意義――』早稲田大学出版部。
笹島芳雄［2011]「生活給-生活給の源流と発展」『日本労働研究雑誌』609。
中央労働委員会［1955]「電産本格賃金調停の経緯」『中央労働時報』291、 中労委会館。

中山伊知郎編［1956］『賃金基本調査』東洋経済新報社。
山口陽一郎［2019］「電産賃金体系『能力給査定基準』の成立――能力給の再発見に向けて」『経営論集』(明治大学)、66（1）。
労働省編『資料労働運動史』昭和20.21年版、昭和25年版。
労働争議調査会編［1957］『電産争議』中央公論社。

（**筆者**＝社会保険労務士）

2021. 4. 6. 受付
2021. 9. 16. 受理

2．現代日本社会と過労死問題を考える
——職場のハラスメントと“過労自殺”を中心に——

Thinking about the issues of “Karoshi” in Contemporary Japanese Society：
Focusing on Harassment at Workplace and “Suicide from Overwork”

長井　偉訓　NAGAI Yoritoshi

はじめに

1　問題意識：なぜ、今このテーマを取りあげるのか？

2015年12月24日、日本を代表するネット広告会社である電通で、高橋まつりさんが過労自殺した事件は記憶に新しい。本事件の弁護士を務めた川人博は、まつりさんの自殺の真因が常軌を逸した長時間労働・深夜勤務・休日出勤に加えて、上司による不条理なハラスメントであったと述べている［高橋・川人 2017］。それから約2年後の2017年10月、今度はトヨタ自動車において、新入社員の男性が上司からの度重なるハラスメントを受けたことが原因で、精神疾患を発症し、自殺した。トヨタの豊田章男社長は、今回の事件の背景に“立場の弱い相手に横暴を振る舞う、重要な情報を共有しない”会社の風土があると分析し、こうした社風を変革していくと宣言した（『朝日新聞』2021年6月7日）。トヨタに代表される日本の会社の組織風土とは何か。果たしてそれだけで説明できるだろうか[1)]。

本稿は、職場のハラスメントが従業員（被災者）を過労死・過労自殺に追い込むほどの深刻な事態を惹起させている会社の組織風土、そしてその土台にある現代日本社会の構造を明らかすることを目的とする。職場のハラスメントは、今や“人権抑圧と自尊感情の破壊”を通じて、労働者のメンタルヘルス不全を頻発させる有力な原因であり、「現代日本における労働を心身ともにつらい営

みにする、もっとも深刻な職場の疲弊」[熊沢 2013：214] の根因となっている。

職場（労働の世界）におけるハラスメント問題は、2017年からの世界的な“＃MeToo運動”などの影響もあり、国際的にも注目されてきた。ILOは108回総会（2019年６月21日開催）において、「仕事の世界における暴力とハラスメントを禁止する条約」を採択した。その第１条において、「暴力とハラスメント」を、人権侵害という視点から「身体的、精神的、性的または経済的危害を引き起こす許しがたい広範な行為」と定義し、それに係わる広範な行為の全ての禁止を求めた。一方、日本では、2019年５月29日、労働施策総合推進法が改正され、職場での“パワハラ”防止を目的に“パワーハラスメント防止法”と使用者に一定の具体的な防止措置を定めた“指針”（2020年６月）が制定された。そういう意味で、2019年は“パワハラ規制元年”とも言える。

社会政策学会は第141回大会（2020年度秋季大会）において、「仕事の世界における権力関係とハラスメント」[社会政策学会 2021] を、過労死防止学会は第６回大会において、「過労死等防止法制定から丸６年、ハラスメント自殺事例とその対策」[過労死防止学会 2021] を共通論題に設定した。

なぜ、我が国では、職場のハラスメントが労働者を自殺するまでに追い込んでしまうような深刻な事態を生じさせるのだろうか？　本稿では、その実態と最近の特徴を見た上で、労働者を自殺に追い込んでしまう職場のハラスメント発生の背景とそのメカニズムの解明に迫りたい。

2　いくつかの論点と分析視角

具体的な分析に入る前に、議論の前提となる重要な論点として、第１に、職場のハラスメントとは何か、第２に、職場のハラスメントと過労死・過労自殺との関連性について、最後に、先行研究を踏まえ、本稿の分析視角を確認しておきたい。

（１）職場のハラスメントとは何か～その概念を巡って

職場のハラスメントと過労死問題との関連を分析する上で、“パワハラ”をどのように捉えるか、極めて重要な論点である。“パワハラ防止指針”は、“パワハラ”を、職場において行われる①「優越的な関係を背景とした言動」であって、②「業務上必要かつ相当な範囲を超えたもの」により、③「労働者の就業環境が害されるもの」であり、かつ「①から③までの要素を全て満たすもの」であって、「客観的にみて、業務上必要かつ相当な範囲で行われる適正な業務指示や指導については、パワーハラスメントには該当しない」と定義し、身体的・精神的攻撃（脅迫・名誉毀損・侮辱等）、人間関係からの切り離し、過大な要求・過小な要求、個の侵害など、6類型を挙げている[2)]。

1995年度から“パワハラ”に関連する労働相談を受けてきた経験をもつ金子雅臣［2009］は、職場のハラスメントを「職場において、地位や人間関係で弱い立場の労働者に対して、精神的又は肉体的苦痛を与えることにより、結果として労働者の働く権利を侵害し、職場環境を悪化させる行為である」と定義している。筆者は金子の定義を支持するが、職場のハラスメントは“会社権力による過大な、理不尽な業務命令”から発生し、その本質は、“労働者の働く権利、さらには労働者の尊厳や人格権への侵害である”ということをしっかりと理解しておくことが肝要である。

（2）職場のハラスメントと過労死・過労自殺との関係をどうみるか？

過労死とは、「仕事による過労・ストレスが原因の1つとなって、脳・心臓疾患、呼吸器疾患、精神疾患等を発病し、死亡または重度の障害を残すに至ること」、また、広義には過労死の一形態である過労自殺は、「過労により大きなストレスを受け、疲労がたまり、場合によってはうつ病を発症し、自殺してしまうこと」［森岡 2013：6］を意味する。

過労死の主な原因として、上畑鉄之丞・田尻俊一郎［1982］は、1960年代後半～70年代に生じた過労死事例を中心に検討した結果、①長時間労働、②深夜労働、③作業上の過重な責任、④仕事上のアクシデントやミスの発生による不安・緊張の高まりなどを挙げ、中でも長時間労働が最大の要因であると結論づけた。

川人博［2014］は、1990年代後半以降の過労死、とくに過労自殺が長時間労働・

休日労働·深夜勤務など劣悪な職場環境による肉体的負荷に加えて、重い責任·過重なノルマ·達成困難な目標設定、“パワハラ”、セクハラなどのハラスメント、職場での人間関係のトラブルなどによる精神的負荷を主な原因としていることを、多くの事例から明らかにしている。ただし、熊沢誠が述べているように、「働き過ぎの臨界にたった労働者にとって、脳·心臓疾患による過労死に至るか、欝病による過労自殺に至るかは、偶然でさえある。それほどに両者の根因は重なっている」[熊沢 2010 : 321]。精神科医である天笠崇［2020］は、職場のハラスメントが睡眠障害、うつ病、心身症、PTSD等の精神障害の原因となり、最悪の場合、自殺を引き起こすだけでなく、過労死の原因にもなることを紹介している。このように、長時間・過重労働と職場のハラスメントは、過労死と過労自殺の共通の因子であるばかりか、両者の関係は相対的であり、相互に関連している。

（3）職場のハラスメント問題への先行研究と分析視角を巡って

我が国の職場のハラスメント問題に実践的に取り組んできた金子雅臣［2009］は、職場のハラスメントが単なる“職場での従業員間のコミュニケーション・ギャップ”や“仕事に関連する従業員間の葛藤や対立”からではなく、職場環境の変化の帰結であると捉える。熊沢誠［2010］、森岡孝二［2013］、川人博［2014］らは、1990年代後半以降顕著となってきた過労自殺の主因となってきた職場のハラスメント発生の背景に、日本的雇用システムの縮減、長期的人材育成なきノルマ経営、成果主義導入などによって、職場環境が大きく変化してきたことを指摘している。しかし、それだけでなく、その背景要因には、ジェンダー規範や雇用身分格差による差別構造、“過度な精神主義や年次別支配”にみられるような組織文化、職場における“人権意識の脆弱性”やそれに深く関わっている「管理教育」、企業中心社会など、現代日本社会が抱える構造的な問題が深く関わっている。それ故、そうした側面にも射程を拡げて構造的な分析が必要ではないかというのが、本稿の主張点である。

Ⅰ　1990年代後半以降の過労死問題の変容とその特徴

過労死は1980年代後半以降から大きな社会･労働問題となってきた。しかし、1990年代後半以降、過労死問題は、従来までの中高年の過労死から若年層の過労自殺問題に変化してきたと言われている［熊沢 2010；森岡 2013；川人 2014］。以下、マクロ統計といくつかの代表的な過労自殺事例を紹介することにより、最近の過労死問題の現状と特徴を確認しておこう。

1　1990年代後半以降の過労死・過労自殺の現状と特徴

とくに1990年代後半以降の過労死・過労自殺の特徴としては、紙幅の関係から、以下の３点に絞って指摘しておく。１)「過労自殺」関連の労災請求件数の増加、2）勤務問題を原因とする自殺者比率の増加、3）上司などからの“パワハラ”が過労自殺の主因に。

１)「過労自殺」関連の労災請求件数の増加：**図１**は、脳･心臓疾患やうつなど精神障害により発生した過労死・過労自殺に係わる労災請求件数の推移を示したものである。最近の特徴は、過労死に対して過労自殺に係わる労災請求件

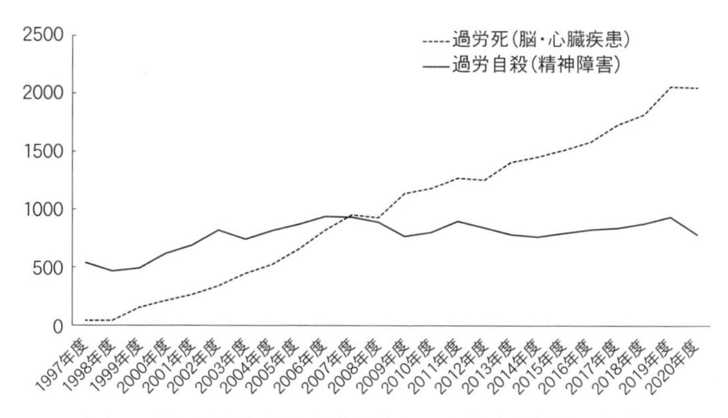

図１　脳･心臓疾患及び精神障害の労災請求件数の推移

（出所）厚労省「過労死等の労災補償状況」各年度版より作成。

数の増加が見られることである。両者の特徴だけを簡単に指摘しておくと、過労死では、「道路貨物運送業」、「卸･小売業」、「建設業」などを中心に、「自動車運転従事者」、「専門的・職業的従事者」、「販売」、「サービス職業」で働く中高年齢層の男性で多く見られるのに対して、過労自殺の場合には、「社会保険･社会福祉・介護事業」などの専門職、管理職、一般事務職などで多く発生し、過労死と比較すると、女性が約３割を占めていることや、年齢的にも40代・30代・20代と若いのが特徴的である（**図2**参照）。

令和元年版『過労死等防止対策白書』は、2010年１月から2015年３月の間に、広告･放送･出版･新聞などのメディア業界において、精神障害による「過労自殺」として労災認定された30件の内、約６割に当たる19件が20歳代から30歳代の若者で占められ、その内、過労自殺した4人全員が20歳であったと述べている[3)]。

２）勤務問題を原因とする自殺者数の割合の増加：警察庁「令和２年中における自殺の概況」による令和2年（2020年）の自殺者数は２万1081人で、対前年比で912人（約4.5％）増加している。自殺の原因･動機別自殺者の内、とくに「勤

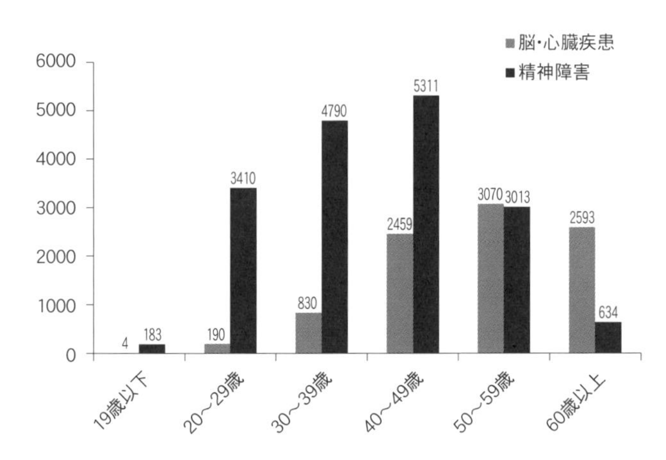

図２　年齢別の脳･心臓疾患と精神疾患の労災請求件数（2010年度から2020年度までの累計値）
（出所）厚労省「過労死等の労災補償状況」から作成。

務問題」が原因で自殺した者は1918人で全体の約９％にあたるが、その比率は若者を中心にここ数年増加傾向にある。ちなみに勤務問題の原因としては、「職場の人間関係」と「仕事の疲れ」がそれぞれ約３割、次いで「仕事の失敗」、「職場環境の変化」で多くなっている。

３）上司などからの“パワハラ”が過労自殺の主因に：厚労省令和２年度「過労死等の労災補償状況」によれば、過度労働や仕事のストレスで精神疾患を発症し、労災認定された608人の中で、最も多い原因は“パワハラ”であった。2020年に精神障害の労災認定基準が見直され、“パワハラ”（「上司等から、身体的攻撃、精神的攻撃等のパワーハラスメントを受けた」）が具体的出来事の１つとして追加された。同じ年度に労災認定された精神障害の原因では、「パワハラ」が99人と最も多く、次いで「事故や災害の体験・目撃」（83人）、「いじめ・嫌がらせ」（71人）となり、“パワハラ”が過労自殺の主因となった。つぎに、若者とくに新入社員の過労自殺事件の典型的な事例を紹介しておきたい。

2　新入社員ハラスメントと過労自殺事例

表１に挙げた事例は、長時間労働に加えて、上司などから受けたハラスメントが原因となって自殺に追い込まれた事例である。この事例に共通する特徴は学卒後新入社員・職員として入社・入所したが、十分な教育訓練をされないまま慣れない責任の重いストレスフルな業務を担当させられた上に、上司や同僚などから酷いハラスメントを受けた結果、うつなどの精神疾患を発症し、それが引き金となって自殺に至ったという点にある。その背景には、後述するように、とくに90年代後半以降の日本企業を取り巻く内外の環境要因の変化の下で、とくに正社員を対象とした新入社員の採用抑制や成果主義の導入などが影響している。

表1　新入社員の過労自殺事例

1）松山市役所：男性（享年22歳）、2011年4月1日松山市職員として採用され、納税課に配属、滞納者への催促など、新入職員にとっては極めて過重でストレスフルな業務により鬱を発症し、入社後僅か5カ月後の9月に自殺。

2）ワタミフードサービス：森美菜さん（享年26歳）、2008年入社、2カ月後の6月、長時間・過重労働（死亡直前の残業時間月140時間）により精神疾患発症、自殺。

3）ゼリア新薬工業：男性（享年22歳）、2013年4月入社、新入社員研修期間中、講師から酷いハラスメントを受け、自殺、労災認定。

4）三菱電機：男性（享年25歳）2016年4月入社、入社後ソフトウエア開発部門に配属、不慣れなプログラミング業務に対し、上司や先輩から酷いハラスメントを受けたことが原因で精神疾患発症、入社後7カ月後の11月に自殺。

5）三菱電機：男性（享年20歳）、2019年4月入社、教育主任であった上司から酷い暴言を浴びせられ8月自殺、労災認定。

6）三信建設工業：男性（享年23歳）、2016年4月入社、不慣れな現場監督を命じられたことにより、長時間労働と責任の重い過重労働のため2017年4月に自殺。

7）中部電力：男性（享年26歳）、2010年4月中部電力入社、新入社員教育中でありながらも、十分な教育支援体制がないまま過大な「主担当」に任命される一方で、仕事がうまく進まないことに対して上司から叱責などのハラスメントを受けたことが原因で自殺。

8）トヨタ自動車：男性（享年28歳）、2015年入社、研修後の16年3月、本社の車両設計部門に配属、翌月から上司による酷いハラスメントを受けたことが原因で自殺。労災認定。

（出所）各事例については、新聞記事などのメディアの他、とくに事例1と7に関しては、原告へのインタビューと独自に入手した裁判資料に基づき、その概要のみを紹介したものである。

Ⅱ　職場のハラスメント発生の背景とそのメカニズム

1　職場のハラスメントの増加とその背景要因

職場（労働の世界）におけるハラスメントが“過大で、理不尽な資本による権力行使から派生し、その本質が労働者の人権侵害にある”とすれば、それは資本主義の歴史において“古くて新しい問題”である[4)]。

戦後、職場におけるハラスメントは、1）50・60年代の戦闘的組合員に対する差別待遇・指名解雇など非合法的な不当労働行為、2）70年代の「減量経営」期、退職勧奨の名の下で行われた様々な苛め・嫌がらせによる中高年労働者のリストラ、3）80年代の円高不況下での「追い出し部屋」による強引な退職勧奨、「東芝府中人権裁判」に典型的に見られるような、QCサークル活動や残業を忌避する従業員への執拗な苛め・嫌がらせ［熊沢 1993］、行政改革による旧国鉄などの民営化を通じた組合攻撃・人員削減とそれに伴う人権侵害。

そして4）90年代後半以降は、① バブル経済崩壊後のデフレ不況下でのコスト削減や人員整理、② 仕事量に対する過小な要員と支援体制の欠如、③ グローバリゼーションによる国際競争が激化する中での、技術開発競争と達成困難なノルマ・納期の設定、④ 心身の疲弊を伴うストレスフルな仕事の増加、⑤ 成果主義の浸透と抑圧的な上司、過度な叱責・苛め・嫌がらせなどのハラスメントが横行する中で、前述したように、とくに20代・30代の若者の過労自殺問題が注目されるようになってきた。

2　職場のハラスメント発生のメカニズム

以下､我が国の職場におけるハラスメントの発生基盤を日本的雇用や“社風”から説明しようとする野村正實［2021］の“共同体的上部構造”説を批判的に検討することにより､自説を展開することにしよう。会社権力による“過大な、あるいは理不尽な業務命令によって、従業員を精神的・肉体的に消尽させること”こそが“パワハラ”の中心的な概念であると捉える野村は、大企業においても常態化している過労死・過労自殺を“パワハラ”の究極的な帰結とみる。そして、その発生基盤を日本企業の雇用慣行と組織風土＝“社風”（共同体的上部構造）から説明しようとする。

しかし、野村の議論に対しては、すでにジェンダー視点の欠如や企業の利益組織的土台をなす下部構造にも注目すべきではないかという批評がなされている[5)]。後述するように、日本企業の新卒一括採用のような日本的雇用慣行や社風（組織風土）が職場のハラスメントの発生基盤の１つとなっていることは確かであるが、その基底には、1）労働者の全人格を包摂・支配するような日本企業に固有な雇用（労働）契約関係や人事労務管理・労使関係、2）ジェンダー規範に基づく男性中心（優位）の職場秩序と性役割分業に特徴づけられた“企業中心社会”［大沢 2020］、3）市民社会から隔絶された企業社会の閉鎖性と人権思想の弱体化､そして4）過度な精神主義や年次別支配に特徴づけられるような、未だ前近代的で、若者の人権を蹂躙するような組織風土がビルトインされているのではないか、というのが私の最も強調したい点である。

第1に、日本企業に固有な雇用（労働）契約関係や人事労務管理・労使関係：一般に“ジョブ契約”を基本とする欧米では、使用者が労働者に指示できるのは、労働契約上の権利・義務の範囲内に限られるが通例であって、無条件に一方的な権限は認められない。しかし、日本の職場では、強者の側に立つ使用者または上司は、従業員への仕事の配置、ノルマ、残業・休暇取得の許諾、あるいは時として業務と直接関係ないような言動さえも“当然の権利”として、パワー（権力）を行使してもよいと考える。一方で、パワーを行使される従業員側は、それに対して明確な抵抗も示すことができずに仕方ないことと諦めてしまう。なぜなのか。そこには日本企業の人事労務管理と労使関係の特殊性、とくに日本的能力主義管理と人事考課による従業員の“全人格的包摂”と“性差別性”が大きく関係している。

教育学者の乾彰夫［1990］は、日本的能力主義管理の要諦をなす日本型“能力”概念の中核に、職務遂行のために求められる能力以外に、仕事や会社に向き合う気構えなどを含む“全人格的”要素がビルトインされていることを明らかにした。そして、日本的能力主義管理の下では、それが人事考課の1つの重要な評価要素として従業員の処遇を決定づけるが故に、従業員は毅然とした態度で抗うことができなかった。

この日本企業に特有な能力主義の定着は、その帰結としての労働条件決定の個人処遇化・選別を必然化させることによって、“業務命令の越境”、つまり“パワハラ”の起点となったのである［熊沢 2013］。それに対して、日本の労働組合は十分に規制できなかった。

第2に、ジェンダー・ハラスメント発生基盤としての“ジェンダー化された権力”と企業中心社会：ここでとくに強調したいのは、先に指摘した日本的能力主義と人事考課のもつ“性差別性”が日本に特殊なジェンダー・ハラスメントの発生基盤となっていることである。人事考課制度の“性差別性”を指摘したのは森ます美［2005］であるが、掻い摘んでいえば、家庭責任を負わないことを前提とした“無限定な働き方”や「生活態度としての能力」[熊沢 1997] を十分に発揮できないことが原因で“いわれある差別”を受けることを意味する。職場や家庭においていまだジェンダー規範が根強く残存している日本では、人事考課制度の“性差別性”はジェンダー化された権力を基盤とするジェンダー・ハラスメント発生の強力な要因として作用する。“ジェンダー・ハラスメント”とは、ジェンダー規範から派生する差別や嫌がらせ [中野 2020] を言うが、要するに“男性並みに働けない女性”に対するさまざまな嫌がらせや差別を意味する。典型的な事例では、男性並みに長時間労働で働けないことを理由に、昇進・昇格において差別をすることなどが含まれる。こうしたあからさまなジェンダー差別は、欧米諸国では、間接差別として法的に禁止されている [遠藤 1999；山口 2017][6)]。

第3に、市民社会から隔絶された企業社会の閉鎖性と人権思想の弱体化：ここでの重要な論点は、なぜ、戦後我が国の企業（職場）では、“人権思想”が根付かなかったのかという点である。企業社会に関して優れた多くの研究蓄積のある高橋祐吉によれば、日本の企業社会は、一般に市民的自由と人権が保障された欧米先進国の市民社会に対して、労働者を全人格的に包摂する能力主義的競争原理により改編された“企業本位の市民社会”であり、そうした閉鎖空間としてミクロコスモス化している。そして、「競争への参加を自己規制したり、それに批判的な労働者は少数派として分断、差別、抑圧されて企業社会から見せしめ的に隔離されるがために、この職場秩序は強力に機能」[高橋 1989:5] し、職場のハラスメントを発生させる組織的基盤となるのである。

では、職場のハラスメントの発生基盤である企業社会は、どのような歴史的プロセスを経て形成されてきたのだろうか。熊沢誠 [1993] は、戦後直後、労働組合が力をもっていた“職場社会”は、1950年代半ば以降の技術革新やアメリカ型労務管理の導入、60年代半ば以降の能力主義管理の導入、70年代後半以降の官公労組への攻撃・解体による組合の無力化を通じて、企業の価値規範が職場を席巻する企業社会に移行したが、そうした歴史的帰結を“民主主義は工場の門前でたちすくむ”と喝破した。こうして戦後の日本社会は、「人権の尊重と個人の尊厳が定着するまえに、企業組織だけが突出して成長したために、企業の価値規範が企業の枠を超えて、家庭や地域生活などの社会生活全般までも覆い尽くした企業中心社会」[森岡 2013：35] に行き着いたのである。

第4に、日本に特有な“過度な精神主義と年次別支配に基づく“タテ社会”の組織文化：川人博 [2017] は、電通の新入社員であった高橋まつりさんの過労自殺の一因が、電通の社訓である鬼十則に謳われているような過度な精神主義など、およそ前近代的で、若者を蹂躙するような社内風土にあったと断じた。そして著名な社会人類学者である中根千枝 [2019] は、ハラスメントの発生基盤がとくに職場の先輩・後輩の関係に代表されるような日本の組織風土に特徴的な“タテ社会”の中にあると看破した。

おわりに
——職場のハラスメントをなくし、過労死・過労自殺のない社会の実現と変革主体の形成——

本稿の結論は、過労死・過労自殺を誘引する重大な要因の１つが“会社権力による過大で、理不尽な業務命令”から派生するハラスメント（人権侵害と人格の全否定）であり、単なる職場環境の変化ではなく、現代日本社会が抱える構造問題にある、とするものである。では、職場のハラスメントをなくしていくためにはどのような課題があるのだろうか。残念ながら、紙幅の制限により詳細は割愛せざるを得ない。詳細は稿を改めて論じることとし、ここでは重要なポイントだけを指摘するに留める。

ハラスメントの本質が“労働者の尊厳や人格権への侵害”にあるという理解に立てば、職場のハラスメントを規制するための最も重要なポイントは、職場において労働者の人権や人格権をどのように保障していくのかということになるであろう。そのためには、１）人事労務管理・労使関係の見直し、２）“職場の人権”確立のための教育改革、３）実効性ある包括的ハラスメント法の制定と監視体制の強化が不可欠である。

1）人事労務管理・労使関係の見直し：職場のハラスメント発生の最も重要な根源の1つは、人事労務管理と労使関係の日本的特殊性にある。すなわち、“労働契約の日本的特殊性”から派生している仕事、労働時間、就労場所に関する“業務命令の無限制定”と、それを前提とした日本的能力主義管理と人事考課、そしてそれがもつ性差別性にある。それ故、職場からハラスメントをなくしていくためには、本来あるべき雇用（労働）契約の厳密化とそれに基づく“業務命令の限定化”、そして、日本的「能力」概念に基づく能力主義管理と人事考課、そしてそれがもつ性差別性への規制と異議申立運動が不可欠である。

こうした運動を担う主体として、とくに1997年、「住友系メーカー3社で働く女性たちの裁判」支援を目的に結成されたワーキング・ウイメンズ・ネットワーク（Working Women's Network）の運動に注目したい。WWNは「同一価値労働同一賃金」の実現と「間接差別」（人事考課の性差別性）の解消を組織目標に掲げ、法廷闘争と並行してILOなどの国際機関にも働きかけ、国内外からの草の根運動を展開している。その結果、「住友化学性差別訴訟」（2001年3月28日大阪地裁）、「住友電工性差別訴訟」（2003年12月24日大阪高裁）等の性差別訴訟において、勝利判決や勝利的和解を勝ち取ることができた。[7)]

2）“職場の人権”確立のための教育改革：ワーク・ルールや人権教育を通じた人権意識の醸成と職場の人権の確立である。現在、「過労死等防止対策推進法」に基づき過労死等を防止するための対策を定めた“過労死等の防止のための対策に関する大綱”を法的根拠に、全国の中等・高等教育機関において、若い頃から労働条件や労働関係法令に関する理解を深め、過労死をなくしていくための“過労死等防止対策等労働条件に関する啓発授業”が実施されている。この取組は2016年度から始まり増加傾向にあるとはいえ、いまだ十分とは言えない状況である。したがって、こうした取組をどのようにして拡げていくのかが今後の課題である。

企業社会が求める過大なストレスに適応できる人材育成を目的とするキャリア教育ではなく、会社や上司からの明らかに違法で不条理な命令や要求に対して、毅然とした態度で“ノンといえる労働者”の育成こそが求められる。そうした主体の形成において、とくに働き方に関する理論や歴史を専門とする教員の役割は極めて大きい。そういう意味で、とくに当学会の若手教員に期待したい。

3）実効性ある包括的なハラスメント法の制定と監視体制の強化：我が国のハラスメントを規制する法律は、セクハラ、マタハラ、育児･介護ハラスメント規制のように、制度が乱立し、極めて複雑で分かりづらい法体系となっている。しかも現実には、職場でのハラスメントは、高橋まつりさんの事例に見られるように、“パワハラ”とセクハラが複合化して現れるケースも少なくない。さらに、多様な非正規労働者が複合的に編成された組織内での垂直的な権力構造においては、ハラスメントはより下方に向かって集中化する傾向がある。それ故に、包括的で体系的なハラスメント概念とハラスメントを包括的に規制し、禁止する法体系が求められる。

また事前にハラスメントを防止していくためには、利用しやすく被害者の立場に立った相談体制や監視体制の強化が必要である。とくに重要なことは、措置義務に過ぎないという現行法のゆるさ、労働行政側のマンパワー不足などにより、法の実効性が懸念される中では、現場の実態をよく知っている労働者側の代表である労働組合や労働安全委員会などの職場を代表する機関自らが監視・規制できる体制づくりが欠かせない。

たとえば、独立行政法人労働政策研究･研修機構（JILPT）の内藤忍は、過労死防止学会「第６回大会」（2020年９月19日開催：共通論題「過労死等防止法制定から丸６年、ハラスメント自殺事例とその対策」）総括討論の中で、イギリスの労働組合全国組織であるTUCにより育成された平等委員と衛生委員が労働者代表機関として、会社が公正にハラスメント予防の取組を実施しているか監視する役割を果たしている先進的な取組事例を紹介している［過労死防止学会編 2021：98］。

日本の労働組合や労働者代表は、そうした海外の先進事例から積極的に学び、公正で実効性のあるハラスメント防止対策を講ずべきである。

注

1）長年にわたってトヨタの人事管理・生産管理·労使関係を調査・研究してきた猿田正機［2020］は、“トヨタマン”のような会社人間をつくり、その言動を支配してきたのは“自発性なき強制”を醸成してきた「管理教育」、トヨタの人事労務管理・生産システム・労使関係を利用した従業員への“内的強制”（意欲ややる気を高めるための強い刺激・叱責など）と“外的強制”（体罰や集団行動の強制など）を伴ういわゆる「トヨタシステム」こそ、職場のハラスメントの基盤であり、それが全国に伝播し、日本的な「管理教育」や「日本的経営」として一般化してきたと述べている。

2）これについては、すでに大和田敢太［2018；2020］、新村響子［2021］、野村正實［2021］などから、厳しい批判や問題点が指摘されている。要約すると、1）「優越的な関係を背景とした言動」に限定することにより、“パワハラ”を単なる人間関係の問題に矮小化していること、2）「業務上必要かつ相当な範囲を超えたもの」と限定することにより、“パワハラ”を業務指導上、適正であったか否かという問題に矮小化し、使用者の立場から“パワハラ”を正当化しようとしていること、3）ハラスメントの本質である“労働者の尊厳や人格権への侵害”という最も肝要な文言を欠落させていること、である。

3）なぜメディア業界において若者の過労自殺が多いのか、令和元年版『過労死等防止対策白書』によれば、重層下請構造や長時間労働が見られるメディア業界では、とくに長時間労働がストレスを誘発していることが指摘されている。その背景要因には、第1に、業務量に対する絶対的な要員不足、突発的な予定外の仕事の発生、仕事の締切や納期の短縮などによりストレスフルな長時間労働がなかば常態化していること、第2に、とくに広告業では、電通での高橋まつりさんの過労自殺に典型的に見られるように、ネット技術革新による業態の変容が激しく、新興企業との市場競争が熾烈さを増していること、その結果、かつての新聞やテレビを主な広告媒体とした時代に較べて、仕事の内容が大きく変わると共に、仕事の成果に求められるスピードが格段に増していること、第3に労働時間管理においても、自己申告制や裁量労働制が適用されているケースが多く、使用者側の労働時間管理がずさんで、サービス残業を含む長時間労働が常態化していることなどが考えられる。

4）労働者が長時間で過重な労働により健康障害や死亡に至る過労死は、とくに産業革命以降の資本主義の歴史においても発生していた。例えば、マルクスは『資本論』（第1巻第3編：絶対的剰余価値生産　第8章「労働日」）の中で、1863年6月末、ロンドンで発行された日刊紙の記事、“Death from simple Overwork”（「純然たる働き過ぎによる死」）

を紹介している。日本でも20世紀初頭の明治・大正・昭和初期に見られた製糸工場で働く女工の過重労働による過労死・過労自殺については、細井和喜蔵（1980年版）『女工哀史』、山本茂美（1977年版）『あぁ野麦峠』、石原修（1970年版）「女工と結核」（『日本労働運動資料』第3巻）参照。

5）清山玲［2020］は、従業員の行動だけでなく、意識までもコントロールしようとする仕掛けが会社の下部構造（＝利益組織的土台）を構成する人事労務管理、賃金管理、昇進昇格管理、労働時間管理などにあるのではないかと疑問を呈している。

6）こうした性差別は米国では、1970年代初頭から間接差別として法的に禁止されている。また英国では、日本的人事考課の導入に対して労働組合が効果項目に規制をかけたり、効果の客観性や公平性を担保するために介入している事例が報告されている。

7）詳細は、ワーキング・ウイメンズ・ネットワーク編［2005］、石月［2016］参照。

主要参考文献

天笠崇［2021］「過労死防止法制定から丸6年、ハラスメント自殺事例とその対策——ハラスメントによる精神障害」『過労死防止学会誌』1。

石月静恵［2016］「WWN（ワーキング・ウイメンズ・ネットワーク）の設立と初期の活動」JSLA, 8。

乾彰夫［1990］『日本の教育と企業社会』大月書店。

上畑鉄之丞・田尻俊一郎編著［1982］『過労死：脳・心臓系疾病の業務上の認定と予防』労働経済社。

遠藤公嗣［1999］『日本の人事査定』ミネルヴァ書房。

大沢真理［2020］『企業中心社会を超えて——現代日本を＜ジェンダー＞で読む——』岩波書店〔岩波現代文庫〕。

大和田敢太［2018］『職場のハラスメント——なぜ起こり、どう対処すべきか——』中央公論新社〔中公新書〕。

大和田敢太［2020］「包括的で実効的なハラスメント規制の原点とは」『季刊労働法』268。

金子雅臣［2009］『パワーハラスメント』岩波書店〔岩波ブックレットNo.769〕。

過労死防止学会編［2021］『過労死防止学会誌』1。

川人博［2014］『過労自殺第二版』岩波書店〔岩波新書〕。

熊沢誠［1993］『民主主義は工場の門前で立ちすくむ』社会思想社〔現代教養文庫〕。

熊沢誠［1997］『能力主義と企業社会』岩波書店〔岩波新書〕。

熊沢誠［2010］『働き過ぎに斃れて——過労死・過労自殺の語る労働史——』岩波書店。

熊沢誠［2013］「パワーハラスメント論序説」『POSSE』19。

猿田正機［2020］「トヨタシステムと労災・過労死・自死——40年のトヨタ調査・研究を振り返って——」『中京企業研究』42。

社会政策学会［2021］『社会政策』13（1）、ミネルヴァ書房。

清山玲［2020］「書評：野村正實『「優良企業」でなぜ過労死・過労自殺か？』」『社会政策学会誌』

12（1）。
高橋祐吉［1989］『企業社会と労働組合』労働科学研究所出版部。
高橋幸美･川人博［2017］『過労死ゼロの社会を――高橋まつりはなぜ亡くなったのか――』連合出版。
中根千枝［2019］『タテ社会と現代日本』講談社〔講談社現代新書〕。
中野麻美［2020］「ジェンダー･ハラスメント」『労働の科学』75（4）。
新村響子［2021］「パワハラ防止法の動向と課題――ILOハラスメント撤廃条約と対比して――」『社会政策』13（1）、ミネルヴァ書房。
野村正實［2021］「パワーハラスメントを生み出す組織風土」『社会政策』13（1）、ミネルヴァ書房。
森岡孝二［2013］『過労死は何を告発しているか――現代日本の企業と労働――』岩波書店。
森ます美［2005］『日本の性差別賃金』有斐閣。
山口一男［2017］『働き方の男女不平等　理論と実証分析』日本経済新聞出版社。
ワーキング･ウイメンズ・ネットワーク編［2005］『男女賃金差別裁判：「公序良俗」に負けなかった女たち：住友電工・住友化学の性差別訴訟』明石書店

（筆者＝愛媛大学名誉教授）

2021. 7. 15. 受付
2021. 10. 11. 受理

3．生産行動における分業と認知機能
――ウッデバラ再論――

Division of labor and cognitive functions in production behavior: Reconsideration about Uddevalla Plant

田村　豊 TAMURA Yutaka

I　本論の課題：認知構造

フォードの生産ラインに象徴されるコンベアシステムを技術的基礎とする大量生産指向の生産方式はトヨタ生産方式（Toyota Production System: 以下TPSと表記）からリーン生産へ、さらにセル方式へと展開を遂げて今日に至っている。本論が取り上げるウッデバラ工場は、ボルボの乗用車製造工場として1980年代末から1990年代初頭にかけて生産ラインを取りやめ、流れ作業をなくした工場として注目を集めた。

だが現在から見ると、ウッデバラ工場への評価は、同工場の重要な特質である人間の認知構造を軸とする生産設計と制御の実現という、同工場のフォード型ライン分業との対照側面の領域が見落とされ、もっぱら“ラインの消滅”という技術的側面での評価に止まっている。そのためTPSとリーン生産との対比でも十分な評価には至っていない。

本論では、生産ラインと流れ作業へのオールタナティブを提示したウッデバラ工場の取り組みを、これまでのウッデバラ評価では見落とされてきた人間の認知構造と生産行動における認知能力（Cognitive Capability:以下Cog.）を重視した作業設計とその組織的利用の視点から見直し、今後の人間行動と組織開発への示唆を探っていく。なお本論ではウッデバラ工場のオリジナル形態であり稼働した1989年から1993年の状況を対象に現時点から評価を行う（なお以下では

Uddevalla Production SystemをUPSと略して表記する）。

Ⅱ　ウッデバラ工場の概要

ウッデバラ工場の概要を述べれば、生産能力は年産４万台。工場は生産ラインを採用せず、台車に載せられたボディは６箇所の各組み付けエリアに送られ、それぞれのエリアでボディは１度の位置移動を行うことで完成に至った[1)]。各組み付けエリアでは12人程度の作業集団が完成までのすべての作業を担当した。１人の作業者が機能別に分けられた1/4の組立を担当し作業サイクルは最大で２時間、作業者はペア作業を軸として作業を遂行した。組み付けに必要な部品は、それぞれの部品の組み付け箇所と機能によって分けられ、キットにまとめられて組み付けエリアに運ばれた。工場は組立工程のみを担当しボディは本社工場から搬入された[2)]。

Ⅲ　先行研究

ではウッデバラに関する先行研究を① スウェーデンでの歴史展開：STSのスウェーデンでの展開、② フォード型生産ラインとの対比と離脱、③ TPS･リーン生産との対比：企業、国別特性の重視に分けて整理しよう。

1　STSのスウェーデンでの展開

日本でのウッデバラ工場に関連する先行研究に特徴的なのは、スウェーデンでのSTS（社会技術システム論：Socio-technical Systems Theory）の視点から作業方法に焦点が当てられ検討が行われてきた点にある。そこで自律的、半自律的作業集団などが日本と比較され、自律性を評価するために作業の方法、労働者の意思決定への参加、さらに作業者側の経営活動への関与などが検討された。赤岡はカルマル工場などの事例をもとに作業集団と作業者個人が作業遂行方法を決定し彼らの参加によって品質管理と品質情報のフィードバックが行われており、作業グループへの権限委譲が効率性の高さにつながっていると指摘する。赤岡は作業集団を「自律的作業集団」としている［赤岡 1989：第6、7章］。その後「労働の人間化」論の視点からも検討も進み、スウェーデンについては、グループ生産に対応した職場集団の自律性を認めた生産グループの導入にスウェーデンの改革の特徴を見出している［奥林 1981：増補 1991］。ボルボのカルマル、ウッデバラの2つの工場は「労働の人間化」の先進事例として取り上げられ、ウッデバラ工場は生産ラインの廃止、管理と作業の統合が特徴として指摘された［嶺 1995］。2000年代に入ると森田は従来の日本での労務管理に基づいたSTS研究の状況を踏まえ、オランダと北米でのSTS研究を検討し、複数の職務を担当する母体としてタスク割り当てが行われる「1チーム1タスク」をSTSの作業組織の特徴として指摘し［森田 2008：第2章第4節］、UPSについては作業集団でのチームリーダー選出、作業方法・分担の決定などを特徴と見る。このように担当作業の領域拡大とチーム導入による作業統合、意思決定過程への関与拡大をスウェーデン的STSの共通的要素として理解できたとすれば、ではUPSは何を付け加えたのか検討が必要となる。

2　フォード型生産ラインからの離脱

以上のスウェーデンの視点から生産改革を整理するのに対して、フォード型生産方式の技術体系からの転換の内容に焦点を当てウッデバラの特徴を示すのがEllegård［1995］、湯浅［1996］、小山［2000］、篠崎［2000］、浅野［2003］、田村［2003］、門田［2006］、野原［2006］らがある。これらの研究はフォード型生産システムが生み出す3つのロス（system loss, balance loss, handling loss；門田［2006：500-501］を参照）を踏まえ、ウッデバラ工場がライン分業を再編させたことによって生産効率を向上させたとする。さらに作業領域については、作業者が担当する職務がライン上での直接作業から、作業集団は保全などの管理職務を担当するなど作業集団の担当業務が間接領域へと広がったことを重視した。

3　TPS・リーン生産との対比

リーン生産論は日本のトヨタ生産システムをモデルとした位置にある。ヨーロッパを中心とした国際的自動車研究の母体であったジェルピサ（GERPISA International Colloquium）では、UPSとリーン生産はフォード生産システムに対するオールタナティブとして評価され、UPSとリーン生産の関係性が検討の対象となった。こうした研究としてはベリグレン[1992]、ボワイエ/デュラン[1996]などがある（なお上記の②での業績のほとんども、リーン生産との関係を念頭において検討がなされ共通の問題関心となっている）。これらの研究において特徴的なのは、生産方式が生み出す作業集団と作業者個人の役割が②より重視された位置付けを与えられているという点である。とくに作業集団の役割をフレキシブルなテーラー主義、統合的組織と位置付け、作業集団の組織行動に生産モデルの特徴を見出している。

以上の先行研究を踏まえると、①でのスウェーデン研究との関係では、「技術と社会の相互関係性」というSTSの特徴とスウェーデンでの生産改革の成果との関係でUPSはどのような位置にあるのか。②と③で検討されているフォードの生産方式とウッデバラ工場で採用されたRPS（Reflective Production System）と呼ばれる独自の作業設計方法との比較、さらにリーン生産との差異や異同が検討の課題となる。本論がUPSの特質として注目する認知領域の活用については小山、野原、湯浅、浅野、田村が全体的認知構造、学習方法などを紹介しているが、認知領域の重要性や特性についての検討は十分な状況ではなかった。その中で野原はトヨタ生産システムの完結工程との関係を比較し、UPSでは認知領域の標準化を進めた点にその特徴を見出している［野原 2006：353、392］。

Ⅳ　作業仮説

では先行研究を踏まえながら本論の仮説を述べよう。まずUPSについては一般にエルゴードらによる研究に顕著に示されるように［Ellegård 1995］、フォード型のシリアルラインから組立箇所を並行的に配置しラインが廃止されたことに特徴を見出すのが主流である。だが実はそうした議論の内容を見るとライン縮小の経過の事実の指摘はあっても、ラインが廃止され定置式へと移行する転換が「なぜ可能になったのか」についての説明が明確ではない。ウッデバラ工場ではコンベアシステムを消滅させたのだから、コンベアシステムに替わって何らかの人間行動を支える条件が準備される必要があった。だがそのラインに替わる代替とは何であり、どのように機能し、生産ラインに替わることが可能になったのか検討を示していない。この設問は①②③に共通し、唯一野原の研究が認知内容を解析しこの設問への答えを導くことを試みている［野原 2006：第7章］。

本論では、UPSの特徴を生産構想の転換にあったと想定し議論を進める。「生産構想の転換」とは生産技術、認知、作業行動の3つの要素の配置の入れ替えを指す。すなわち自動車生産などの量産型生産ラインの場合、生産方法はライン設備を前提として構想され、コンベアなどの生産技術の選択を受けて個々の工程での生産行動が設計される。そして人間の備えている認知領域が関係する個別作業の具体的設計は、利用される工程レイアウト、生産設備などの生産技術の概要や設備条件が決定された後、製造技術の担当部署が製造対象の製品の組み付け手順や作業要領、用いられる作業用具などの検討をへて決定する［田村 2015］。つまり生産技術と製造技術の2つの管理階層が人間行動と認知の利用を決める組織的要素となっている。

例えばコンベアラインでの生産を維持するTPSの作業は組み付け作業は流れ作業となっているが、異常発生の際にはアンドンを引くことで作業者はラインを止めるよう異常処理対応を行う管理プロセスが形成されている。ここには技術と作業者の認知とを結びつけた生産行動が想定されており、技術と人の利用の視点では機械と人間要素の接合という点で重要な進化が示されている。本論後段で指摘するように、TPSは固有の認知利用を行っている。だが生産技術－認知－作業行動の3つの関係から見ると、認知は他の2要因との関係で質的転換を示すほどにはならず、アンドンの利用が示すように生産技術を中心としながらライン作業の運営上のシステムバックアップ[藤本 1997:25-26]の要素となっている。

これに対してUPSではラインを利用しない。UPSの生産設計では人間行動を外部から制御する技術装置は利用されていない。そのため人間の認知の位置が作業行動を促す要素として技術装置にかわって位置づけられている。生産設計の点から見ると、認知と生産行動の関係では認知の位置が拡張されるだけでなく、生産技術の役割は認知を支える認知バックアップ技術へとその性格を変化させている。

こうした仮説に立つと、UPSの検討では認知から作業行動への過程がどのようにつながりUPSが稼働するのか、検討が必要になる。本論は、UPSは人間の認知能力と人間行動をブリッジする認知編成と認知支援技術の開発によって、2時間に及ぶ組み付け作業への拡張が可能になったと想定している。ではどのような認知編成と認知支援技術が用いられ、作業が可能になったのか。そしてUPSで利用された認知を軸とした生産設計は、TPSの生産技術から作業行動を媒介する認知の利用とどのような点で特徴が見出せるのだろうか、以下論点を掘り下げていこう。

V 検　　証

1 認知の位置付け

ではウッデバラ工場の認知利用の考え方と作業行動がどのように進められたのかを見よう。とくに認知から作業行動の過程と両者がブリッジされた関係にあることに焦点を絞り検討しよう。

UPSの開発過程では、①作業の認知対象である完成車を解体し、作業者側が車全体との関係で自己の担当領域を認知＝理解できるように製品と部品情報を可視情報へと読み替る情報構造の転換が進められた。この情報の読み替えは作業遂行者が作業遂行するための情報構築が課題であり、そのため②認知対象と認知過程を作業者側の視点から理解できるよう独自の表示方法が開発され、その上で③認知支援技術の開発が行われた[3)]。具体的には、①では完成車を解体し、車の物的構造に存在する機能的まとまりと、各機能領域での部品相互のつながりを検出し、車の機能と構造に存在する機能－部品間の相互関係の把握がなされた。②上記①で見出された車のもつ構造と機能性の区分に基づき、作業者内部に作業遂行に必要な認知体系の形成を促すための手段としてマップが開発された［Engström and Medbo 1992：139］。

マップは、まず組み付け対象である車の全体と部品を製品構造と機能に沿って機能別に8つの属性に区分し階層的に作業者に提示する「論理的製品構造」（**図1**：Engström and Medbo［1992：140］）と、つぎに取り付け対象のボディに取り付けるべき部品を組み付ける作業のプロセスを示す「作業グループ内作業パターン」（**図2**の枠内）、さらに各作業の内容を部品の取り付け箇所ごとに、各部

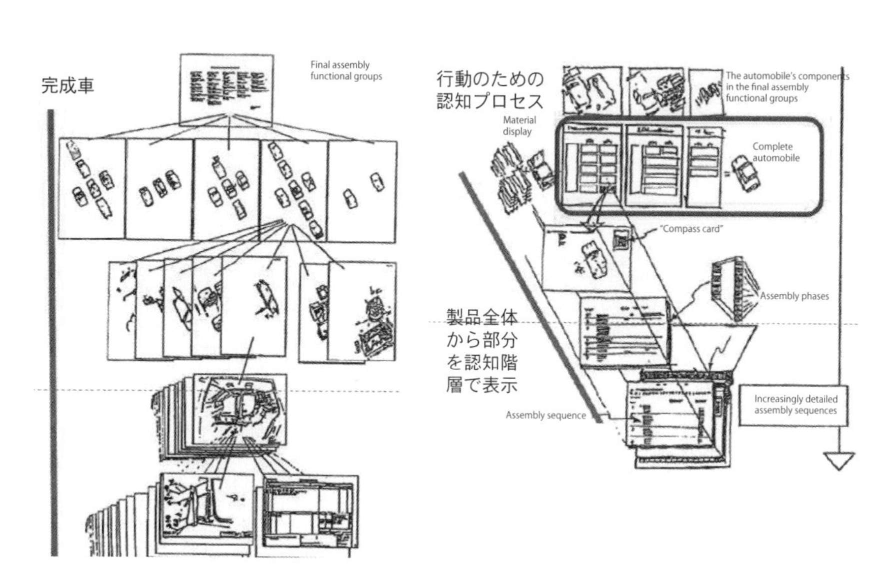

図1　論理的製品構造

（出所）Engström and Medbo［1992：140-141］を加工。

図2　認知構造と作業プロセス

（出所）図1と同じ。

品の取り付け条件や使用工具を4つの階層で段階的に示す「作業指示書システム」(Work instruction system：**図2**の矢印が階層を示している）の3つに分かれている[Engström and Medbo 1992：138-141]。こうしたマップの開発によって車全体の表示→ボディと部品の相互関係、担当作業箇所、それと同時に作業で用いられる部品と作業用具の相互関係を、作業者はプロセスと合わせ段階的に理解できることが可能になった。

2　マップの役割：認知プロセスを可視化した作業プロセスの提示

上記3種のマップの役割を認知形成との関係で確認しよう。まずマップの開発により、作業対象＝認知対象であるボディと部品が作業者側に可視化され、同時に各作業遂行プロセスが示されることになった。作業対象の車のボディと取り付けるべき部品と作業者の認知が一致し、マップは＜製品構造の全体像と自己認知＞と＜作業遂行行動＞の相互関係を可視化させ、マップは作業者の認知に基づいた作業者の組み付け行動を媒介する役割も担っている。マップは作業者視点から表示を行うことで、作業者が作業対象との関係で自分の作業を全体的に俯瞰できる情報形式を与えており、全体的認知を基礎に作業を引き出す構造をとっていることにマップの特徴がある。

では何によってこうした作業設計が可能になったのだろうか。それはフォード型生産方式以来、TPSとリーンに引き継がれている生産ラインの生産設計の基本であった「工程＝ライン起点からの生産設計」から「製品起点からの生産設計」への生産設計の起点転換を行ったことであった。この製品起点への生産設計の転換は、作業設計とその下で具体化される作業編成においても原理的転換を引き起こした。これにより、製品から個別部品へと至る、作業対象の全体から部分への階層的表示が可能になり、作業者の全体的階層認知の利用が作業設計上可能になった。UPSの生産設計としての革新性は、生産工程編成方法における製品起点への設計起点の転換が重要な要因となっている[4)]。

3　STSから見た認知利用の成果

ではSTSの視点で見るとUPSの何が成果というべきなのだろうか。まず①認知能力を軸にした作業設計を採用した点である。そして認知軸の構築のために、人間の認知力を引き出し認知の一般的生得的特性を利用するために認知プロセスの検討が行われた。その成果の上に、認知構造を客観化し可視化できる装置としてのマップが開発されたことである。この認知プロセスの解明とマップ開発は機械技術のハード面とは対称をなすソフト面での開発であり、人間認知の組織的利用の可能性を示唆している。またスウェーデンで進められてきた例えばカルマル工場などに示されたSTSの展開にとっても認知領域は新たな展開領域であった[5)]。つぎに①の認知構造の検討の上に、②作業者側の認知と作業遂行の連動性を形成する作業設計を設定することで、外部からの技術的強制要因を利用せずに人間行動を継続的に引き出す、人間の内的自律的行動への可能が開かれた。②を実現させるために、③技術面からも認知機能を支えるための認知補助の技術装置の開発が行われた。

作業遂行を支える技術的な開発は２つに分かれている。まず部品をキット化させることで、部品の物的存在それ自体が組み付け行動と部品の関係性を作業者に想起させ、部品の物的存在が作業者の認知と行動のガイドとなるようにして利用できるよう編成された。もう１つの開発は、ボディを傾斜させるためのチルト機を導入し、組み付け作業での作業者側のボディと対象認知の視認性を容易にさせた。部品のキット化は担当作業の遂行順序と部品の供給を連動させ、さらに作業ごとに必要となる部品をキット箱内に大きさ、作業順を考慮して配置しAGV（Automatic Guided Vehicle：自走搬送車）に載せて作業遂行プロセスの順番に作業位置に供給した。こうしてキット化された部品と、その搬送設計も、作業者側の作業遂行と作業者の認知プロセスに連携させることにより、作業遂行者が取り付ける部品を想起・確認するための作業遂行の目印として新たな役割を担うことになった。このように部品編成と部品供給の領域には、UPSの技術編成の認知支援的性格が強く示されている［Engström, Jonsson and Medbo 2002：邦訳注14参照］。部品キットは作業者の視認性と作業効率性を補助するが、今日でいえばSPS（Set Parts Supply）と呼ばれる部品を当該作業に必要な量だけをボックスに入れてラインへと供給方式と類似する側面を備えている。

これらのUPSで進められた認知領域への展開をSTSの理論的側面から見ると、生産ラインのような外部の技術装置に依拠せず、人間の認知能力を軸とした生産行動を可能とする技術編成を実現させたことが重要な成果であろう。その中心的特徴は認知領域の利用のための技術編成と組織編成の開発であった。従来スウェーデンでのSTSの実践事例の多くが、例えばラインのレイアウト形状の見直しによって「自律性」を生む作業組織を実現させようとした。スウェーデンでの生産組織改革はその成果として最長で20分の作業サイクルタイムの拡張を生み、同時に作業集団は担当職務の拡大をはかり集団内での作業設計と修正、作業割り当てを可能とさせた。こうした諸成果がカルマル工場のレイアウトでの並行組立に支えられたドック方式とチームリーダーを集団内で互選できる作業集団の導入であった。つまりスウェーデンでのウッデバラ工場以前の改革の特徴は、フォード型ライン生産が生み出す作業分業の細分化と断片化［野原 2006：143-145］への対応と組織上での権限分配の再配分という分権化であり、その視点は生産と組織における分業の再編にあったと考えられる[6)]。

だがUPSは分業という視点からは十分にその意義や特徴は捉えられない。なぜならコンベアラインに代表される、従来の高生産性の基盤とされてきた大量生産技術であるコンベアラインを利用せず、それにかえて人間の認知機能と認識プロセスを可視化させることで、ライン生産が付随させてきた技術的硬直性や作業性の低下を克服する方向を選択したからである。UPSにおける２時間の作業サイクルタイムの長さの実現は、生産レイアウトの構成を変える生産技術次元での物的分業から生産を捉える作業設計方法からは直線的には導出できない。UPSは生産技術に軸をおいた分業論に作業行為者側の認知という新たな領域をくわえることで、人間行動と組織編成の拡張を行いSTSにとっても新たな取り組みであったと位置付けられる。生産設計の点から見れば、生産技術の視点を作業設計領域を対象とした製造技術の設計視点から融合させたと考えられるだろう。では最後にUPSとTPSを認知論的視角から比較しUPSの特徴をより明確にしていこう。

Ⅵ 検　討
――TPSとの比較をつうじて――

上記のUPSにおける認知と行動の相互関係の構築方法は、TPS、リーン生産と比較するとどのような特徴を備えているのだろうか。まず人間の認知と行動に相互関係をもたせることは生産行動の遂行を円滑にかつ制御するためにも、どの生産方式でも共通に程度の差こそあれ行われている。例えば、フォード型のコンベアを利用した場合、作業範囲はライン上のある一部であり、そこで動員される認知内容も担当作業を中心にして形成される。そのため作業者の認知範囲はライン生産が生み出す作業細分化に沿って、担当作業領域に限定された。

だが同じフォード型コンベア生産を利用しても、TPSでは作業者の認知の利用は、担当作業の担当範囲の拡大を積極的に進めるため、認知方法や動員される知識もOJTなどを通じて拡張される。組み付け作業の範囲も最初は限られたものであっても、作業担当領域を徐々に拡大させることがTPSの特徴として広く認められている。ではTPS、リーン生産とUPSを比較すると、認知の利用方法や用いられる認知構造と人間行動との関係には、どのような差異が見出せるのだろうか。

そこで以下では、「個別の作業と作業プロセスに対応する認知」をCog.Aと呼び、「作業に共通する認知共通事項」(例えばライカー［2004］“トヨタウェイ”では「原理」「ツール」「思考」として示され、また“トヨタ用語”と呼ばれるような組織内に固有に存在し、個別の事象を共通に利用される認知項目）をCog.Bに分けて考えてみよう。

まず、UPSの認知編成を整理すれば、そこには作業を行うためのCog.A、すなわち担当する個別の当該作業プロセスを認知するための認知構造は複数マップによって表示された。そうした認知の構造化を行った上に、どのように作業を認識しかつまちがいなく行動を遂行させるかについては、すべての作業に共通するCog.B＝作業上での共通注意項目が“５つのWhat”により設定され[Ellegård, Engström and Nillson 1990：42-48；Nilsson 1995：80]、作業遂行のための共通確認事項が準備された。UPSの場合、生産ラインという人間行動を外部から規制し制御する外的技術体系が存在しないため、人間の内面的な認知構造とその編成を示すCog.Aは、ライン生産に替わって生産行動を遂行する上でその位置は大きく、Cog.Bは作業骨格となるCog.Aのチェック＝制御認知と補助的認知機能の役割を果たしている。

これに対して、生産ラインを利用するTPSとリーン生産ではCog.AとCog.BのバランスがUSPとは大きく異なる。結論を述べれば、TPSとリーンでは「担当の個別の当該作業プロセスを認知するための認知構造と認知設計」であるCog.Aよりも、５S、５Whys（５回のなぜ）、カイゼンのような「作業上での共通認知事項」であるCog.Bの拡張にその特性が示されていると考えられる。

その理由は、TPSのような生産ラインを使用し流れ作業を基礎としている生産システムの場合、作業者のサイクルタイム１分ほどの時間に制限さている。そのため作業者のCog.Aに該当する作業行動上での認知領域の設計は、時間的物理的にも、組み付け作業で利用される認知構造の役割はウッデバラ工場に比べればその比重はきわめて小さいからである。

だがTPSではCog.Bに該当する５S、５Whys、コンセプトとしての“カイゼン”、“ムダ取り”、さらに保全知識などで獲得された認知領域での情報は徹底して体系化され、組織成員のCog.Aに依拠した行動をCog.Aから見れば外部から同時にCog.Aを通じて制御する存在となっている。すなわちCog.Bとして機能するコンセプトは、具体的作業の遂行で用いられるCog.Aが個々の作業や行動を行う際に、個々の作業を行うための判断基準、例えば生産改善などを行うための手法として、各成員に行動のポイントを想起させ、選択的行動を生み出す意識環境として機能する。こうしたCog.Bの役割はトヨタでは生産領域を超えてTPSの経営管理上の共通コンセプトとして機能し、組織成員の行動と組織行動に浸透し共通の価値観を形成する役割を果たしているように見える。

UPSと比較した場合、Cog.Bの存在とその徹底した拡張にTPSとリーンの特徴が示されている。すなわち組織的に見ればCog.Bの領域が組織的共通の理念やコンセプトを設定し「考え方のパターン化」を進め［伊原 2017：40］、作業者個人の作業認知であるCog.Aと結びついた、一貫した認知システムとして稼働させることで競争力を全体として引き上げる。したがってCog.Bの体系化でCog.Aをより進化させることがTPS、リーンの生産効率向上の基礎であり、両者の連携とCog.Bの体系化は時間をかけて組織内で形成された独自の認知形式と認知の結合形態のため、組織的な移転がしにくい簡単には模倣しにくい独自の競争要素となっている[7)]。こうしたTPSの組織的認知利用の特性は従来の組織的分業の視点だけでは捉えにくく、生産組織、組織行動の把握には分業論だけでなく認知的視点が補足されることで分析的にも展開が期待できる［川床 2001］。

まとめ　今日の状況への示唆

これまでのUPSの研究においては、生産組織と認知領域の関係性についての検討は十分にはなされず、そのためUPSの示した成果はライン消滅という点が主流を占めてきた。本論はそうした研究状況に対して、認知論の成果を利用してUPSを評価しTPSとの評価を試みた。

本論では触れなかったが1980年代スウェーデンでもコンピュータの利用が進み、新たな技術デバイスへの対応が問題となった。そこでPCの利用をどのように進めるのか、DEMOSプロジェクトと呼ばれるプロジェクトを立ち上げ、認知論的視点も持ちながら労働組合側のイニシアティブで進められた［Ehn 1988］。こうしたスウェーデンの新技術についての対応は、日本には正確に紹介されてこなかった印象を受けるが、このプロジェクトは技術環境変化に対する「産業民主主議」を背景にして、技術と組織の変化への対応を労働側から模索する取り組みであった。また人間側の認知機能が技術編成との関係でどのような役割を果たしているのか、また社会技術システム論を基礎に据え、ユーザーとして技術編成過程と技術利用での参加の領域を模索する、デジタル技術への社会的対応を図るプロジェクトという性格も備えていた［湯浅 1996；山内 2012］。このプロジェクトが終了した1980年代には、世界的には記号論や形式知と暗黙知は認知論の議論を生み［野中 1990］、さらに認知を行動と結びつけて議論する状況論の登場により、認知領域は生産組織分析の視角としても利用可能になっている［上野 1999］。

今日コロナによるICT利用の広がるなかで、仕事は空間的な集団性を脱し、1人ひとりの行動が分散化する傾向を強めている。そのため直接的に人間が縛り付けられる分業の形態や「分業という意識」は、ICTという新しい技術環境によってinvisibleな存在となり、人間の行動の制御をどのように進めるのかが新たな課題となっている。組織はCog.Bのように、個々の具体的行為を統括するコンセプトを組織として新たに設定し、個々の行動を組織行動として再現させる新たな課題が生まれている。もちろんCog.A領域をいっそう精緻化させるための支援技術の開発も進んでいこう。UPSは認知領域を利用して分業と人間行動に新たな視点から再編を行った嚆矢として位置付けられ、今後の組織のモデル構築にとっても認知編成と支援技術の開発などの点で多くの示唆を与えていると考えられる。

注

1）実際にはボディの移動が行われない完全な無移動の定置式レイアウトもあったが、ボディの仕掛かり数を増やすことで作業効率を向上させるために、完全な1箇所での定置式での組み付けは最大で3箇所に制限された［Ellegård 1997：204-205］。

2）ウッデバラ工場の成果、閉鎖の背景については門田［2006：482-483］のコメントを参照。

3）UPS以前の製品と部品情報は部品番号と若干の名称が与えられるだけであり、組み付け作業は指示された部品番号を頼りにして組み付ける作業の連続であった。そのため作業者には製品全体と部品の関係を認識する必要なく、認識の拡張は個人的な経験の拡張によって可能になった。また組み付け対象である製品や部品の側から作業遂行をガイドする情報も体系的には与えられていない。これに対してUPSではコンベアのような組み付け領域を機械的に細分化させる技術的条件はない。そのため作業遂行には遂行対象と遂行者を結びつける認知装置と認知構造の開発、同時に作業者を組み付け作業に間違いなく誘導できる条件構築が必要となった。

4）全体的認知との関係で見ると「工程＝ライン起点からの生産設計」では、担当する生産ライン上の技術的機構と作業割り当ての状況により、個々の作業者の認知の広さが常に制約される。制約とは作業者側の認知が工程＝ライン上で区切られるため車全体を俯瞰する関係性は遮断され、ライン上で割り当てられた担当作業から作業認知が形成されるため、作業対象への認知は常に部分的にならざるをえない、という意味である。これに対して「製品起点からの生産設計」では、組み立てる車という製品全体を認知の起点にして、作業者は自分の作業を把握する過程を理解し作業を遂行できる。したがって組み付け対象を起点にして作業者に作業対象と作業を俯瞰できる認知構造を設計することが後者の生産設計の特徴である。

5）UPSの生産性と認知の関係について述べておくと認知は作業空間とも結びつき利用された。UPSの実際の工場内のレイアウト設定に当たっては、作業集団の成員の作業進捗状況が他の成員にも理解できるように人間の視野範囲と組立領域との複合的整合性が生まれるよう職場の設計が行われた。そのねらいは1集団内で3台を並行して組み付けを行うことが可能なことから、各作業ペア間での作業ペースでのバラツキが生じた場合には、成員相互での回復支援が可能にさせることが求められた。このように空間的な要因と認知領域の適切な設定することがUPSの作業性フレキシビリティとその向上にとって重要な要因となっている（Engström, Jonsson and Medbo［1998：292-293］、またUPSでの空間利用と人間認知の活用についてはGranath［1991］を参照せよ）。

6）スウェーデンでのSTSの進展を検討した文献にSandberg［1992］、Abrahamsson［2011］があり、後者は歴史的にスウェーデンの労働に関する記述を行い、1980年代半ばUPSがSTSの影響の下で生まれ、STSは技術者教育、人間と技術の協働を重視したとする（s.15）。またSTSの影響を受けながら継続的に作業設計政策に提示していたスウェーデン金属産業労働組合（Metall：2006年以降はIFMetall）は1985年の大会で「よい労働」政策を掲げ、その後2000年代に入りリーン生産を「持続可能な労働」（hårbartarbete）のコンセプトに吸収した。

7）TPSの生み出す独自の競争力について、技術的組織的社会的（文化的側面）な各要素は「概念的上は区分可能であるが、実践的には分か難く絡み合っている」ため、海外でのTPSの定着には「社会的、文化的、政治的な問題が生じる」［伊原 2017：30］との伊原の指摘は、生産システムや組織の海外移転における検討すべき課題の所在と課題の難しさを示唆している。

参考文献

Abrahamsson, L.［2011］"Psykosocial arbetsmiljö – i teori och wardag", paper for "seminariet om Den psykosocial arbetsmiljön – i dåtid, nutid och framtid".

Ehn, P. [1988] "Work-Oriented Design of Computer Artifacts", Institutionen for Informationsbehandling Umeå Universitet.

Ellegård, K. [1995] "The creation of a new production system at the Volvo automobile assembly plant in Uddevalla, Sweden", in Sandberg, Å., eds., *Enriching Production: Perspectives on Volvo' s Uddevalla plant as an alternative to lean production*, Avebury.

Ellegård, K. [1997] "Worker-Generated Production Improvements in a Reflective Production System — or Kaizen in a Reflective Production System", in Shimokawa, K., Jürgens, U.and Fujimoto, T. eds., *Transforming Automobile Assembly: Experience in Automation and Work Organization*, Springer.

Ellegård, K., Engström, T. and Nillsson, L. [1990] *Rrforming Industrial Work - Principles and Realities : In the planning of Volvo's car assembly plant in Uddevalla,* Arbetsmiljöfonden.

Engström, T. and Medbo, L. [1992] "Preconditions for Long Cycle Time Assembly and Its Management - Some Findings," *International Journal of Operations & Production Management,* 12（7/8）.

Engström, T., Jonsson, D. and Medbo, L. [1998] "The Volvo Uddevalla plant and interpretations of industrial desigen process", *International Journal of Manufacturing Technology Management,* 9.

Engström, T., Jonsson, D. and Medbo, L. [2002] "Assembly Work Structuring Based on Restructuring and Transformation of Information"(藤田栄史・池田綾子・浅生卯一・野原光訳「製品に関する情報の組み替え・変換と組立作業の再編成――ボルボ・ウッデバラ工場の経験に照らして」『名古屋市立大学人文社会学部研究紀要』12).

Granath, Å. J. [1995] *Architecture Technology and Human Factors - Design in a Socio-technical Context,* Chalmars University of Technology, Doctoral thesis.

Nilsson, L. [1995] "The Uddevalla plant: "Why did it succeed with a holistic approach and why did it come to an end?" Sandberg, Å., eds. in Enriching Production in *Enriching Production: Perspectives on Volvo' s Uddevalla plant as an alternative to lean production,* Avebury.

Sandberg , Å. et al. [1992] *Technological Change and Co-Determination in Sweden,* Temple University press.

赤岡功［1989]『作業組織再編成の新理論』千倉書房。

浅野和也［2003]「日本における生産システム研究の検証: スウェーデンの事例を中心に」『中京経営紀要』3。

伊原亮司［2017]『ムダのカイゼン、カイゼンのムダ トヨタ生産システムの〈浸透〉と現代社会の〈変容〉』こぶし書房。

上野直樹［1999］『仕事の中での学習――状況論的アプローチ――』東京大学出版会。
奥林康司［1981］『労働の人間化・その世界的動向』(増補版2002年)、有斐閣。
川床恭靖子［2001］「空間技術分業システムの再編成としても標準化――アメリカの部品製造工場におけるトヨタ生産方式の導入」、上野直樹編著『状況論のインタフェース』金子書房。
小山修［2000］「スウェーデン・モデルの特質と動向」、宗像正幸・坂本清・貫隆夫編著『現代生産システム論』ミネルヴァ書房。
篠崎恒夫［2000］『個人と組織の経営学』同文舘。
田村豊［2003］『ボルボ生産システムの発展と展開――フォードからウッデヴァラへ――』多賀出版。
田村豊［2017］「生産組織の日本的特徴とその移転可能性――国際比較による日本的生産方法を支える組織編成の検討――」、清晌一郎編著『日本自動車産業の海外生産・深層現調化とグローバル調達体制――リーマンショック後の新興諸国でのサプライヤーシステム調査結果分析――』、社会評論社。
野中郁次郎［1990］『知的創造の経営――日本企業のエピステモロジー――』日本経済新聞社。
野原光［2006］『現代の分業と標準化――フォード･システムから新トヨタ･システムとボルボ･システムへ――』高菅出版。
藤本隆宏［1997］『生産システムの進化論――トヨタ自動車にみる組織能力と創発プロセス――』有斐閣。
ベリグレン、C.［1997］『ボルボの経験――リーン生産方式のオルタナティブ――』(丸山恵也･黒川文子訳)、中央経済社。
ボワイエ、R., デュラン、J. P.［1996］『アフター・フォーディズム』(荒井壽夫訳)、ミネルヴァ書房。
嶺学［1995］『労働の人間化の展開過程――市場競争下の職場の民主主義――』御茶の水書房。
森田雅也［2008］『チーム作業方式の展開』千倉書房。
門田安弘［2006］『トヨタ プロダクションシステム――その理論と体系――』ダイヤモンド社。
山内裕［2012］「参加型デザインとその新しい展開」『システム/制御/情報』56（2）。
湯浅良雄［1996］『現代労働過程の研究』愛媛大学経済学研究叢書９。
ライカー、ジェフリー・K.［2016］『ザ・トヨタウェイ』(上・下)(稲垣公夫訳)、日経BP出版センター。

(**筆者**＝愛知東邦大学)

2021. 7. 15. 受付
2021. 10. 10. 受理

4．高齢者の活躍を支援する中小企業の課題と施策
――中小製造企業における人材活用施策――

Issues and measures for small and medium-sized companies to support the active participation of the elderly employees：Measures to utilize human resources in small and medium-sized manufacturing companies

増山　隆司 MASUYAMA Takashi

はじめに

日本における65歳以上の就業者数（2019年）は892万人（16年連続増加）であり、就業者総数に占める割合は13.3%と過去最高となった。年齢階級ごとでみると、65～69歳の49.0%、70～74歳の31.9%、75歳以上の10.0%が就業している[1]。法制面では、高年齢者等の雇用の安定等に関する法律（以下、高年法）が改正され、70歳までの就業機会を確保することが企業の努力義務となった（2021年４月１日施行）。少子・高齢化がさらに進展していく中で、高齢者（65歳以上）の就業者はさらに増加し、就業者総数に占める割合も上昇していくことが予想される。高齢者をいかに雇用し、人材活用していくかは、人事労務管理の大きな課題となっている。

日本の多くの企業では、65歳までの雇用を確保する仕組みは定着してきているが、65歳以降も雇用する動きは、大企業に比べて中小企業において進んでいる。業種別では、医療福祉、サービス、製造業、運輸業、建設業など人手不足感の強い業種で、65歳以降の雇用（以下、高齢者雇用）が進んでおり、その背景として人材不足が想定される［高齢・障害・求職者雇用支援機構 2018b：12～13］。様々な業種がある中で、本研究が中小製造企業（以下、中小企業）を研究対象とした

理由は、人が培ってきた経験や技能を組織として継承し、日本のモノづくりの土壌を形成してきた中小企業こそが、高齢者が更に活躍できるフィールドとして注目したからである。ただし、その中小企業において、高齢者が蓄積してきた経験と能力を十分に活用できているのかという疑問が残る。中小企業は、従業員1人1人の存在感が大企業に比べて大きく、従業員をいかに活用するかは、企業経営に直結する課題である。そこで、本研究の課題と目的は、高齢者が経験と技能を活かして活躍するために解決しなければならない中小企業の課題を提示し、中小企業における高齢者の人材活用施策を提案することである。本研究において、高齢者とは65歳以上の労働者、中小企業とは従業員300人以下の企業とする。ただし、参考文献を引用する場合は、その文献で使用されている用語を記述することがある。

Ⅰ 高齢者の活躍に関する現状と問題点

ここではまず、高齢者雇用の進捗状況、高齢者を雇用する理由、継続雇用の上限年齢を引き上げたことによる効果や問題点、高齢者の働き方の希望と実態、労働災害の状況について現状分析を行い、高齢者の活躍を阻害する問題点を明らかにする。

第1に、高齢者雇用の進捗状況であるが、高年法に定める雇用確保措置の基準を超えて66歳以上も働ける企業の割合については、厚生労働省「令和元年高年齢者の雇用状況」集計結果によると、従業員50人以下の企業は33.7%、51人以上300人以下の企業が30.0%であるが、301人以上の企業は25.3%に留まっている。これを制度別にみると、定年制の廃止や66歳以上への定年引上げに比べて、希望者全員または基準該当者を雇用する企業が多いが、定年廃止や定年引上げ、希望者全員を雇用する制度は、より小規模の企業ほど高い割合を示している[2)]。

第2に、中小企業に絞って、その高齢者を雇用する理由についてみてみよう。高齢・障害・求職者雇用支援機構［2018b］[3)]でみてみると、継続雇用の上限年齢を引き上げた理由（複数回答）について、半数を超える企業が、「人手を確保するため」(78.2%)、「65歳を超えても元気に働けるから」(61.6%)、「優秀な高齢社員に引き続き働いてもらいたいと考えたから」(51.9%) と、3つの理由を挙げている[4)]。

第3に、継続雇用の上限年齢を引き上げたことによる効果と問題点は、どうであろうか。

継続雇用の上限年齢の引き上げによる効果については、前掲［2018b］によると、「人手を確保することができた」(86.8%)、「優秀な社員に自社で引き続き働いてもらうことができた」(81.5%)、「高齢社員に、知識・スキル・ノウハウを発揮してもらうことができた」(70.9%)、「高齢社員に働いてもらうことにより、仕事の成果を上げることができた」(67.6%)、「高齢社員から、知識・スキル・ノウハウを伝承してもらうことができた」(64.6%) などが、上位（複数回答）を占めている。一方、問題点については、前掲［2018b］によると、「組織の若返り」(36.8%)、「社員の健康管理支援」(28.4%)、「66歳以降の賃金制度」(27.8%)、「高齢社員の能力の維持・向上」(25.6%) などが、上位（複数回答）を占めている[5)]。

第4に、高齢者自身の働き方の希望とその現実についてであるが、浦川は、パートタイム勤務の希望者が実際にパートタイム勤務に就くことができるのは半数程度に留まっていること、本人や家族の健康状態が、就業を決定するうえで重要な要素となっていること、特に、家族に要支援･要介護者がいる場合は、就労の希望はあっても、就労を断念しているケースが多いことなどを指摘している［浦川 2013：65］。これらのことから、高齢者の働き方に関する希望とその実際には格差があることが分かる。

最後に、高齢者の労働災害の状況についてもみておこう。厚生労働省「平成31年/令和元年労働災害発生状況の分析等」によると、2019年の労働災害による死傷者数（休業4日以上）のうち60歳以上が26.8%（前年比0.7%増加）を占めている。死傷者数、雇用者1000人当たりの死傷者数とも、60歳以上が年齢階層別で最も多い人数となっており、特に「転倒」事故については41.1%を占めている。労働災害の発生は、高齢者の活躍を支援するうえで看過できない問題である。

以上の現状分析から、高齢者の活躍を阻害する問題点として、労働条件や労働環境などに改善を要する問題点が３つある。１つめは、家族の健康・介護の状態などに配慮した勤務制度の整備が不十分であるため、介護等の負担により就労を制限せざるをえない面があること。２つめは、加齢に伴う体力・運動能力の低下により、作業負担の軽減、体力・運動能力の維持・改善が必要であること。３つめは、高齢期における健康障害や労災事故の増加に伴い、健康管理の支援、職場環境の改善などが重要となっていることである。

Ⅱ　高齢者の活躍支援のために解決しなければならない中小企業の課題

上記Ⅰの現状分析で明らかになった「高齢者の活躍を阻害する問題点」を踏まえて、これらについての先行研究を考察しながら、中小企業に求められる課題を分析する。

藤波は、高齢社員の活用パフォーマンスとの関係について、同一企業で60歳以降引き続き働く高齢社員のモチベーションを維持するためには、これまでの雇用区分（非正社員または正社員）で活用するのではなく、現役社員との継続性を意識した人事管理の仕組み作りが求められていると提言している［藤波 2016：15-16］。

今野は、40歳ぐらいで一度立ち止まって、65歳までの25年間どのような職業生活を送るのか、どのような業務に従事するのかなど、キャリア転換も含めて将来のことを明確に捉え直すことが重要であると提言している［今野 2011：10］。

以上のことを考慮すれば、高齢者の活躍を促進する視点と、活躍を阻害する問題点を解消する視点から、高齢者の活躍支援のために解決しなければならない中小企業の課題として、以下の４つを提示できる。

第１に、働くモチベーションを維持すること（課題１）である。高齢者が意欲を持って働き続けるためには、役割期待と位置付けを明確に伝えて、仕事に対する責任感や達成感を維持していくことが大切である。働くモチベーションを維持するためには、役割期待に対する取り組みと実績の両面から、公正かつ透明性の高い勤務評価を行い、その結果を処遇に反映していくことが肝要である。

第2に、多様な状況に配慮した働き方を導入すること（課題2）である。高齢者の就労に関する意欲と能力は個人差が大きく、働き方に関する意識も多様である。特に、医療や介護に絡む負担を抱えている場合でも、離職することなく継続して働ける柔軟な勤務形態を導入することが必要である。

第3に、高齢者が安心して働ける職場環境を整備する必要（課題3）がある。高齢化に伴う視聴覚機能や運動能力などの低下に対応して、作業負担を軽減する措置が必要となる。さらに、高齢者の労働災害は増加傾向にあるため、労働災害の発生を予防することが重要な課題となる。高齢者が安心して働ける職場環境を整備することは、高齢者の活躍を阻害する問題点を解消するうえで必要不可欠であるとともに、後進世代への影響を含め、職場全体の安全性と生産性の向上への寄与が期待されることも重要である。

第4に、労働者による職業生活の設計を支援すること（課題4）である。蓄積してきた経験や能力を高齢期に十分に発揮するためには、労働者自身が、できるだけ早い時期から自らキャリアの見直しを行い、経験と能力をどのように活かしていくかについて考える「職業生活の設計」が肝要である。中小企業は、労働者が「職業生活の設計」の必要性に気づくように働きかけ、高齢期を見据えたキャリア形成を促す「支援」が不可欠である。

Ⅲ　高齢者の活躍を支援する中小企業の施策

1　事例研究

藤波［2016］はモチベーション維持のための人事管理の方向性を示し、今野［2011］はキャリア見直しの重要性を提言しているが、高齢者の活躍を支援する具体的な施策は明らかになっていない。筆者は、中小企業における高齢者の活躍を支援する諸施策を検討するために、事例研究として、以下のように2段階に分けて調査・分析した。

＜第1段階：65歳以降の雇用を推進してきた9社の比較検討＞

高齢・障害・求職者雇用支援機構『65歳超雇用推進事例集』[2018a；2019；2020][6)]に掲載されている65歳以降の雇用を推進してきた中小製造企業9社をモデル例（以下、先行事例）として、その取り組みを比較検討したうえで、「中小企業が高齢者に期待すること」、「高齢者活用のメリットと問題点」、「問題点を解決する取り組み」などを考察した。

＜第2段階：65歳までの雇用を確保してきた2社による検証＞

筆者が関与してきた2社（以下、関与事例）の65歳までの雇用確保の取り組みについて、「質問項目表」を提示し、面談または書面による調査・分析を行い、第1段階で明らかにした諸点について、その有効性を検証した。この2社は、筆者が定年後再雇用の上限年齢引上げなどの相談を受け、高齢者の雇用と人材活用について検討している中小企業である。

上記の事例調査・分析により、下記のことが明らかになった。

第1に、先行事例において明らかになった共通点は、以下のようにまとめられる。

（1）人事評価は、継続雇用後も定年前と同様に行っている企業が多く、特に、技能面の評価を重視し、定年後も継続して行っている。

（2）高齢者に期待することは、経験・スキルを活用し「技能伝承」の担い手となること、「後進世代の育成・指導」に努めることである。

（3）高齢者活用のメリットは、高齢者が意欲を持って働くことにより、若手社員のモチベーションが向上したこと、若手社員とのコミュニケーションが改善し「技能伝承」に効果を発揮したことである。

（4）高齢者活用の問題点は、健康面の懸念、安全衛生面のリスクの増加、技能の効果的な伝承、仕事と生活の両立、定年後の意識づけなどが指摘される。これらは、高齢者の活躍を阻害する要因となるため、各社では解決に向けた様々な取り組みが行われている。

以上の取り組みに関する先行事例９社の要点は、**表１**のとおりである。

第２に、関与事例をまとめてみると、以下の４つにまとめることができる。

（1）人事評価は、継続雇用後も実施している（目標管理など）。

（2）高齢者に期待することは、蓄積してきた経験・技能の伝承である。

（3）高齢者活用のメリットは、安定的な業務運営を継続できるという安心感である。

（4）高齢者活用の問題点は、モチベーションの低下、運動能力の低下、ＩＴ化に伴う属人的な技能伝承の揺らぎなどが指摘される。これらについては、各社なりに工夫して解決に取り組んでいる。

第３に、上記の先行事例と関与事例で明らかになったことを、前記Ⅱで提示した「４つの課題」の解決に向けた取り組み状況としてまとめてみよう。

［課題１］「働くモチベーションを維持する」取り組み

先行事例では、人事評価の継続的な実施、技能面の評価と「保有技能の見える化」による人材育成（多能工化など）、後進世代への技術指導・業務支援などによる「技能伝承」への貢献、高齢者と後進世代の「協働」によるコミュケーションの改善などに取り組んでいる。

関与事例では、役割期待の明示に基づく経験・技能の伝承と現場の業務支援、「再雇用の意識づけのための研修」（定年後）などを実施している。

［課題２］「多様な状況に配慮した働き方を導入する」取り組み

先行事例では、医療や育児の支援・介護などの事情を考慮した柔軟なパートタイム勤務が採用されている。他方、関与事例では、取り組みが不十分である。

［課題３］「高齢者が安心して働ける職場環境を整備する」取り組み

先行事例では、健康面の懸念や安全衛生面のリスクを軽減する施策が実施されている。

表１　先行事例９社の概要と高齢者雇用の取り組み

項目	(株)オハラ	(株)昭宝製菓	(株) 有村屋	(株) 日向屋
業種	食料品製造業	食料品製造業	食料品製造業	食料品製造業
本社所在地 (従業員数)	石川県金沢市 (77名)	石川県加賀市 (74名)	鹿児島県鹿児島市 (62名)	宮崎県東臼井郡門川町 (66名)
人事評価など	＜記載なし＞	人事考課は正社員と同様。	人事評価は能力評価と業績評価。能力評価は昇給に、業績評価は賞与に反映。	営業部門は成績評価、製造部門は意欲・能力・成果による総合評価。
高齢社員に期待すること	若い社員の手本となり、若い社員から感謝される存在。	現場の状況に応じた様々な判断。	長年勤務で積み上げてきた経験やスキルの活用。	営業部門におけるクレーム処理。 生産部門におけるＩＴ化への対応。
高齢社員活用のメリット	同僚間のコミュニケーションの改善。 チームの結束力の強化。	高齢者に長く働いてもらうことによる安定的な操業の確保。	高齢社員のモチベーションの維持・向上。	経験とスキルを持つベテラン社員の継続就労。
高齢社員活用の問題点	健康面の懸念。 モチベーションの低下。	作業ペースの低下。 (40歳代、50歳代の8割程度)	立ち作業が多く、肉体的負担が多い。 食物の油脂を扱う工場内での転倒リスク。	立ち作業、火器の使用など作業疲労による体調不良。
(株) 光真製作所	(株) 加藤製作所	スガ試験機 (株)	(株) マロン	吉田染工 (株)
電気機械器具製造業	金属製品製造業	業務用機械器具製造業	縫製業	繊維工業
滋賀県草津市 (78名)	岐阜県中津川市 (109名)	東京都新宿区 (277名)	栃木県鹿沼市 (27名)	和歌山県紀の川市 (49名)
人事評価は年4回、、その結果を昇給と賞与に反映。評価は年齢に関係なく実施。	技能の習得と保有水準を評価・管理。 技能伝承の場である「かじや学校」では、ベテラン社員が作業の勘所を伝授。	習得技術の多能工化を評価し、昇級・賞与に反映。	業務日報により勤務状況、保有技能、能力開発の状況を評価。	定年後継続雇用では人事評価は実施していないが、今後は実施する予定。
競争力の源泉である技術の伝承。	現役社員のサポーター。	技術アドバイザーとして後進の指導。	職場管理や技術指導の中核として若手・中堅社員の育成。	技能の伝承と後進の育成指導。
ノウハウの若手への効果的な伝承。	若手社員が高齢社員の作業に対する姿勢を学ぶ。	熟練技能者の退職防止による業務の継続的な運営の確保。	若手・中堅社員の作業支援、技術指導を通じて、若手・中堅社員と協働する職場づくりを整備。	会社全体の士気に好影響。若手社員とのコミュニケーションも良好となり、技能伝承にも効果を発揮。
技能を効果的に伝承すること。 ➡テクニカルトレーニンググルーム設置。 働きやすい職場環境づくり。	作業環境の改善。	技術アドバイザーという肩書だけで、後進の指導には有効に機能しなかった。 ➡技術主幹の新設。	介護や家庭の事情と仕事の両立。 季節の温度差や照度不足など厳しい職場環境。	記憶違いや視力の低下。 階段などで怪我する危険。 夜勤等による健康面の不安。

(出所) 高齢・障害・求職者雇用支援機構(以下、雇用支援機構)[2018a：15～18、23～26、39～42]。雇用支援機構[2019：8～11]。雇用支援機構［2020：12～15、20～23、24～27、32～35、36～39]。以上の記載内容を基に筆者作成。

関与事例では、現場管理職と人事部門の情報共有に基づき、社員の状況変化に留意しながら対応している。

［課題４］「労働者の職業生活の設計を支援する」取り組み

先行事例、関与事例とも、未だ取り組むには至っていない。

2　中小企業に提案する人事労務管理施策

本稿の結論として、中小企業における「高齢者の活躍を支援する人事労務管理施策」(以下、施策) について提案するに当たり、先行事例の特徴的な取り組みなどを分析したところ､提案に繋がる４つの重要な視点を上げることができる。その１つめは、「技能伝承の場」が高齢者が後進世代へ技能を伝承し、育成・指導することに効果を発揮していることであり、２つめは、定年前の経験・能力に応じて定年後の役割期待を明確にしていくことが、その後の組織貢献に繋がり、組織貢献がモチベーションの維持・改善にも繋がるということである。この２つの視点は、課題１を解決するための施策の提案に繋がる。３つめは、介護や家庭の事情があっても働けることが当たり前のような体制を作っていくことが、多様な状況に配慮した働き方を可能とすることであり、課題２に繋がる。４つめは、高齢化に伴う体力・運動能力の低下を補うための職場環境の改善が､高齢者が安心して働くことができる職場作りに繋がるということであり、課題３に繋がる。以上の事例研究に基づき考察した結果、高齢者の活躍を支援する人事労務管理施策として、下記のような６つの施策を提案できる。

① 課題１の施策：「技能伝承の場」を設けて、高齢者と後進世代が共に学ぶ環境を整備する。

「技能伝承の場」は、高齢者が培ってきた経験・技能を、時間を掛けてじっくりと後進世代に伝える場である。先行事例では、(株) 加藤製作所の「かじや学校」と (株) 光真製作所の「テクニカルトレーニンググルーム」が該当する。前者は、「工匠」と呼ばれるベテラン社員が、作業分野別にカリキュラムを作成し、座学と実技指導によりマニュアルだけでは理解しきれない作業の勘所を伝授している。後者は、生産ラインとは別に「専用スペース」を設けて、高齢者が、器具や部品・失敗製品などを教材として、若手社員を指導している。

「技能伝承の場」では、経営者が企業理念や「(自社の) 中核的な技術」を従業員に伝える場としても活用する。この施策により、高齢者と後進世代が、お互いに経験と技能を蓄積し継承していくと共に、経営者と従業員は、企業理念や「中核的な技術」を共有していく。

② 課題1の施策：役割期待に関する貢献度を評価し、報酬に反映していく仕組みを作る。

高齢者の主な役割期待は、「技能の伝承」と「後進世代の育成･指導」である。高齢者は、後進世代への「技能の伝承」と「育成･指導」に貢献する。企業は、高齢者の「役割期待」への取り組みと貢献度を評価し、報酬に反映する。この施策により、高齢者の仕事に関わる責任感と達成感が高まると共に、高齢者の「働きがい」を維持・改善する。

③ 課題2の施策：高齢者の仕事と生活の両立を支援する柔軟な働き方を適用する。

家族の介護、現役世代 (子) の育児援助など生活の事情に配慮し、時間的な制約を緩和した働き方を適用する。例えば、短時間勤務、フレックスタイム勤務、テレワークなどの対応が想定される。この施策により、家族の介護など生活上の理由による離職を予防すると共に、高齢者の仕事と生活の両立を実現する。

④ 課題3の施策：設備や作業環境などを点検し、労働災害や事故の発生リスクを軽減するように改善する。

転倒など高齢者に多い事故の回避、作業負担の軽減などを重点に、設備や作業環境、作業方法の確認を図り、労働災害や事故の発生を予防する施策を実施する。この確認、施策の検討には、厚生労働省 [2020]「高年齢労働者の安全と健康確保のためのガイドライン」を活用する方法もある。この施策により、高齢期における体力・運動能力の低下に伴う事故の発生を予防すると共に、従業員が安心して働くことができる職場づくりに繋がる。

⑤ 課題3の施策：「健康経営」に取り組み、健康に長く働くことができる職場環境を作る。

「健康経営[7]」は、「従業員の健康増進に企業全体で取り組む」ことを経営理念とし、係る支出を将来の収益性向上等に向けた「投資」と捉えて実践する経営手法である。先行事例と関与事例の「健康面の懸念を緩和する取り組み」は、「健康経営」が推進する対策に通じるところがある。この施策により、高齢者が意欲をもって働くことを支援すると共に、従業員の健康状態が改善され、長く働くことができ、かつ働きたいと思う会社づくりに繋がる。

⑥ 課題4の施策：労働者の継続的な「キャリアの見直しを促す場」を作る。

先行事例には未だ取り組みはないが、人材不足に悩む中小企業だからこそ、できるだけ早い時期（40歳代）から、労働者が、自らの経験・スキルの棚卸を行い、高齢期に向けて「キャリアの見直し」に取り組むように促していくことが大切である。「キャリアの見直しを促す場」では、高齢者や経営者が、自らのキャリア形成に関する経験を、後進世代に伝える。この施策により、高齢者が社内講師を務めることが高齢者の人材活用に繋がると共に、後進世代は、「職業生活の設計」を自らの課題と理解し、主体的に取り組むようになる。

おわりに

以上の内容を踏まえると、高齢者は、長年の労働と学習により蓄積してきた経験・技能の持ち主であり、中小企業（以下、企業）の競争力の中核となる技術（中核的技術）を支えていることが分かった。先行事例及び関与事例からも、企業が高齢者に最も期待することは、「経験・技能の伝承（技能伝承）」と「後進世代の育成・指導」であり、企業は、高齢者の「役割期待」への貢献を評価し、報酬に反映していると言える。そして、高齢者は、この「役割期待」に応えることにより、働くモチベーションの維持・改善に繋げていくことができるだろう。また、「技能伝承の場」は、高齢者による後進世代への効果的な「技能伝承」と「育成・指導」を促進し、「キャリアの見直しを促す場」は、後進世代の「職業生活の設計」を支援することにもなる。

一方、高齢者は、健康状態の変化、体力・運動能力の低下に伴う作業負担の増加などの問題を抱えている。それらの問題は高齢者の活躍を阻害する要因となるため、企業は、仕事と生活の両立支援、職場環境の改善、「健康経営」の推進などに取り組む必要がある。

以上が本稿の結論である。今後、企業は高齢者の活躍を支援し、高齢者は働きがいをもって企業に貢献することがより求められるだろう。そして、その成果として、企業は「中核的技術の継承」を実現することができることになり、高齢社会を迎えている現在、この点を踏まえた人事労務の改善が期待される。

最後に指摘しておきたいことは、高齢者雇用とＤＸ問題[8)]である。本稿では触れることができなかったが、企業における高齢者の活躍支援を研究していくうえでは、ＡＩ・ＩＴ化など最新技術の普及が、高齢者の能力開発と人材活用に及ぼす影響と問題点について明らかにしていく必要がある。事例研究の先行事例では、最後に残された企業の課題の１つとして、現場におけるロボットとの協働、ＩＴ化、自働化など最新技術への対応や、取引先の多様なニーズに応えていくために、高齢者のスキルを見直していくことが指摘されている。関与事例では、近年、製造部門の自働化、管理部門のＩＴ活用などが進展しているなかで、従来は尊重されてきた属人的な技能継承に依存する必要性がしだいに減少していくことが予想され、高齢者に期待する仕事の割り振りが、今後の課題として浮上していることが指摘されている。これらのＤＸ問題を踏まえつつ、70歳までの就業確保を努力義務とした高年法の改正（2021年４月施行）への企業の対応が、高齢者の雇用と人材活用に及ぼす影響と問題点などについても明らかにしていく必要があり、今後の課題としたい。

注

1）総務省「統計からみた我が国の高齢者」令和２年９月、６～８頁。年齢階級別の人口は同上、年齢階級別の就業者数は総務省「労働力調査（基本集計）」に基づく。

2）厚生労働省、令和元年「高年齢者の雇用状況」集計結果、15頁（表6）。

3）前掲雇用支援機構が、2010年６月以降に65歳以上への定年延長、65歳を超える継続雇用延長、定年廃止を行った企業約１万社を対象に、2017年12月から2018年１月にかけて行った「継続雇用延長実施企業調査」の結果を踏まえて、2018年11月に発行したものである。同上調査は、調査票を対象企業の人事担当者に送付・回収するという方法により実施され、1159社から回答を得ている。

4）前掲［2018b：25］、図表3-28のうち正社員数が31～100人の企業の割合。

5）効果は、前掲［2018b：33］、図表3-40のうち正社員数が31～100人の企業の割合。問題点は、前掲［2018b：39］、図表3-46のうち正社員数が31～100人の企業の割合。

6）前掲雇用支援機構は、高齢者の雇用を推進してきた多数の企業を対象に、2017年５月以降2019年10月にかけてヒアリング調査を実施した。ヒアリングした企業のうち、幅広い業種、企業規模、地域などを勘案して選定した企業の事例を、2018年２月、2019年２月、2020年２月に、それぞれ発行したものである（選定した企業の合計は71社）。

7）「健康経営」は、特定非営利活動法人健康経営研究会の登録商標である。

8）企業がデジタル技術で事業を変革する「DigitalTransformation」のことである。

参考文献

今野浩一郎［2011］「65歳までの雇用のあり方が70歳までの雇用を決める」、「私が考える生涯現役社会のあり方」『エルダー』６月号、高齢・障害・求職者雇用支援機構。

浦川邦夫［2013］「高齢者の就業意欲と実際の就業形態との格差」『經濟學研究』80（2・3）、九州大学経済学会。

厚生労働省［2019］「令和元年高年齢者の雇用状況」集計結果。

厚生労働省［2020］「平成31年/令和元年労働災害発生状況の分析等」。

高齢・障害・求職者雇用支援機構［2018a］『65歳超雇用推進事例集』。

高齢・障害・求職者雇用支援機構［2018b］『継続雇用、本当のところ［第２版］』。

高齢・障害・求職者雇用支援機構［2019］『65歳超雇用推進事例集（2019）』。

高齢・障害・求職者雇用支援機構［2020］『65歳超雇用推進事例集（2020）』。

総務省「統計からみた我が国の高齢者」（統計トピックスNo.126）令和２年９月20日。

藤波美帆［2016］「雇用区分の多様性からみた高齢社員の戦力化と雇用管理」『千葉経済論叢』55。

参考資料

本稿については、次の既発表論文の内容を組み替え、大幅に加筆と修正を行っている。

増山隆司［2020］「高齢者の活躍を支援する企業の課題――中小企業における人材不足の解消

に向けた考察——」『社会人経営論集』明治大学大学院経営学研究科 11。
増山隆司［2021］「高齢者の活躍を支援する中小企業の課題と施策——中小製造企業における人材活用施策——」明治大学大学院経営学研究科修士学位論文。

（筆者＝社会保険労務士）

2021. 7 . 15. 受付
2021. 10. 16. 受理

職場レポート

1．積極的副兼業と消極的副兼業に関する課題と今後の展望
園田　京子

1．積極的副兼業と消極的副兼業に関する課題と今後の展望

Challenges and future prospects for positive and negative side businesses

Labor and Social Security Attorney

園田　京子 SONODA Kyoko

はじめに

厚生労働省は、「働き方改革実行計画」(平成29年３月28日　働き方改革実現会議決定）を踏まえ、副業・兼業[1]（以下、「副兼業」)、の普及促進を図っており、平成30年１月、「副業・兼業の促進に関するガイドライン」(以下、「ガイドライン」）を公表した。これは「企業や働く方が現行の法令のもとでどういう事項を留意すべきか」「企業も働く方も安心して副兼業を行うことができるようルールを明確化した」ものであるとしている[2]。時期を同じくして、平成30年１月、モデル就業規則を改定、労働者の遵守事項の「許可なく他の会社等の業務に従事しないこと」を削除し、副兼業の規定を新設、パンフレットやQ＆A、各種届出様式等も公表するなど、副兼業を促進していることがわかる。

なぜ、今、国が副兼業を促進するかについて、その目的は「新たな技術の開発、オープンイノベーション[3]、起業の手段や第二の人生の準備として有効」であるとし、「人生100年時代を迎え、若いうちから、自ら希望する働き方を選べる環境を作っていくことが必要」としている[4]。

厚生労働省令のガイドラインは、あくまでも自社で雇用される労働者が他社でも雇用される場合の「雇用×雇用」に関するものについてまとめられたものである。他社において雇用にて副兼業を実現するためには、副兼業の雇用を受入れる企業（以下、「受入れ企業」）の存在が重要になってくる。厚生労働省が発

出したガイドラインによって、副兼業促進という国が求める施策が機能し、「働き方改革実行計画」等にある目的達成に寄与できうるのかを問題意識として、この報告としたい。

なお、この報告では副兼業の類型には、大きく分けて次の3つに分けている。

①「雇用される従業員×雇用される副兼業」(以下、「雇用×雇用」)

②「雇用される従業員×自営業、個人事業主、業務委託（請負契約）、フリーランス、顧問、理事（以下、「非雇用」)」(以下、「雇用×非雇用」)

③「非雇用×非雇用」

I　厚生労働省「ガイドライン」の概要

（1）労働時間の通算管理として、各事業場における36協定に基づく時間外労働を行わせることができる範囲と割増賃金支払い義務となる企業の責務について明記した。

（2）（1）に伴い、「労働時間の申告等や通算管理における労使双方の手続き上の負担を軽減するため」の「労働時間管理モデル」を提示、合計した労働時間が単月100時間未満、複数月平均80時間以内となるよう、あらかじめ労働時間上限の設定し、労働時間を管理する。労働時間については「対象者からの申告等」により就業時間を把握するものとしている。

（3）副兼業の制度を原則許可、例外的に制限事由を就業規則へ規定することとし、「合意書」による確認が「望ましい」としている。

（4）副兼業をしているかにかかわらず、対象者には労働安全衛生法第66条等に基づく健康診断、長時間労働者に対する面接指導、ストレスチェック等の実施義務がある。

（5）健康確保措置（労働者に対して健康保持のため自己管理を行うように指示すること、心身の不調の際、都度相談対応をすること等）の対象者の選定に当たって、副兼業先における労働時間の通算をすることとはされていない。使用者の指示により副兼業を開始した場合は実効ある健康確保措置を実施する観点から、副兼業先の使用者との情報交換により、それが難しい場合は労働者からの申告により、労働時間の通算を行い、健康確保措置を実施することが「適当」としている。

（6）労災保険の給付

労災保険について、副兼業先が「雇用」である場合、業務上災害については、労災保険が適用されるが、これまで、災害が発生した就業先の賃金分のみに基づき給付額を算定していたところを、「雇用保険法等の一部を改正する法律」(令和2年法律第14号）により、非災害発生事業場の賃金も合算して労災保険給付を算定、および複数就業者の就業先の業務上の負荷を総合的に評価して労災認定を行うこととした。

（7）社会保険

事業所ごとに適用要件[5)]（以下、「社会保険の適用要件」）を判断し、適用される場合は被保険者所属選択・二以上事業所勤務届の手続となり、主たる事業所を選択、保険料もそれぞれの事業所で支払われる報酬月額を合算した額により決定、各事業主は、被保険者の支払う報酬の額により按分した保険料をそれぞれの年金事務所等へ納付しなければならない。従業員501人以上事業所では、週所定労働時間20時間以上、所定内賃金8.8万円以上であれば適用要件を満たす。

Ⅱ　問題意識

1　ガイドラインと副兼業受入れ企業の責任

ガイドラインは、自社で雇用する労働者の副兼業について記載しているが、副兼業の拡大のためには、受入れ企業の存在が必要になってくる。しかし、ガイドラインにおいては、その視点が弱く、ガイドラインに基づく労務管理を受入れ企業に求めた場合の事務負担が複雑化する点が副兼業拡大を抑制する問題点であると考える。

ⅰ社会保険の加入と時間外労働

社会保険の適用要件を満たす労働契約になれば社会保険に加入となるため、自社・副兼業先とも社会保険適用となるとき、週40時間超の割増賃金が発生する働き方である可能性が高いことになる。採用時に、副兼業の有無について、確認する必要があり、これを怠っていた場合や、労働者が申告していなかった場合で、後に副兼業の申し出があり、遡って時間外労働に対する割増賃金の請求がなされた場合、割増賃金の支払い義務が生じる。現行法では、賃金の請求権は3年となったばかりである。また、適用条件を満たす労働者を雇用する場合、企業側の社会保険料の負担も増えることから、労働者が十分な能力を持ち合わせていない場合、採用を難儀するとも予想される。

ⅱ健康診断等の実施

社会保険の適用要件を満たす労働契約になれば、雇入時および定期健康診断等受診の義務（労働安全衛生法第66条第1項）およびストレスチェック対象労働者（同法66条の10）となり得るため、管理が必要となってくる。一方で、健康診断や長時間労働に対する面接指導などについては、各事業場において実施されるものであるから、健康診断は二か所で受診しなければならないのか、という点についての定義も明確ではない。

ⅲ労災保険

労災保険においては、副兼業者を「複数事業労働者」という。労災発生時の使用者責任については、１つの事業場のみの業務負荷（労働時間やストレス等）を評価して業務災害に当たらない場合に、複数の事業場等の業務上の負荷を総合的に評価して「複数業務要因災害」として支給事由を決定するとされている。その場合の企業の民事上の責任について、不明である。特に、過労死・過労自殺、脳血管疾患・心疾患が発症した場合等は、算定事由発生日と、その原因が生じた時期を判断するには、時差が生じることも想定され、その場合に、すでに一方の勤務先を退職している場合でも、複数事業業労働者であるとして、労災補償の給付の手続きをすることになる。万が一、労働者から副兼業の報告を受けておらず、労災補償給付請求様式の「その他就業先の有無」を「無」にしたままで支給決定がなされた場合、行政不服申立期間を過ぎてしまうと、被災労働者から、民事的な損害賠償請求が行われる可能性も否定できない。また、本業先での労災が発生した場合、副兼業先事業所においても、労災補償給付について、給与支給額等を別途記載し提出をしなければならないが、労災保険法施行規則23条のとおり、事業主には労災申請の助力とともに、証明義務が定められており、労災発生場所ではない兼業先にも、手続きの義務が発生する。

ⅳ育児休業・育児短時間勤務中や傷病手当金を受給中の副兼業

育児休業中に他社で就労することについて「育児休業とは子を養育するためにする休業であるとしている本法の趣旨にそぐわないものであると同時に、一般的に信義則に反するものと考えられ、事業主の許可を得ずに、育児休業期間中、他の事業主の下で就労したことを理由として事業主が労働者を問責することは許され得るものと解される」と示している（平成28年８月２日職発0802第１号、雇児発0802第３号）。

傷病手当金受給中の就労については、「本来の職場における労務とは性格の異なる副業、内職などに従事したり、一時的に軽微な他の労務に服して賃金を得ても、これによって傷病手当金の受給権を喪失することはない」(最１小判・昭49.5.30・労判203号）とあるが、ここでいう「副業」については、範囲は限定的であると考えられる。

以上のことから、育児介護休業中、育児介護による時短勤務中の者はどの程度まで副兼業を許可するのか、傷病手当金受給中の者については、副兼業制度の適用除外として制度を規定する必要がある。

vその他、年次有給休暇の付与、同一労働同一賃金「短時間労働者及び有期雇用労働者の雇用管理の改善等に関する法律」(以下、「パートタイム・有期雇用労働法」)の適用もあるため、有給休暇の管理簿の作成や、同一労働同一賃金においては、通勤手当等の手当に不合理な待遇差がないか、改めて就業規則等を確認する必要がある。

2 民間企業等の「動向調査」

民間会社等の動向調査においては、自社社員の副兼業を認める場合の理由として「『副兼業』により身に付けた知識・経験を本業で活かしてもらえそうだから」「従業員のモチベーション向上のため」「従業員のスキル向上や能力開発につながる」など、ポジティブ(積極的)な期待が多い。また、企業側が求める副兼業受入れ人材は、「フリーランス」や専門職などスキルのある人材であり、人材市場においては、少数派である。一方、労働者側の副兼業の理由の第一にあがるのは、「経済的理由(収入を上げたい)82.6%」が多く、次いで「将来に備えて貯蓄したい66.7%」などが続いており[6]、副兼業を行っている労働者の雇用形態は、「パート・アルバイト×パート・アルバイト」[7]がもっとも多い。つまり、企業側の需要と労働者側の供給はミスマッチを起こしている。実際に、副兼業を行っている業種を見てみると、労働基準法第38条(労働時間の通算)が適用除外である業種(農林漁業)や「自由業・フリーランス(独立)・個人請負」が多く、雇用の受入れによる副兼業はまだ少ない傾向にある。

Ⅲ 総　括

以上のとおり、労使双方の副兼業に対する期待の相違と、ガイドラインによる副兼業の受入れに関する労務管理の事務負担の大きさや責任の所在の不明確さは、「雇用×雇用」の副兼業を抑制するものと思われる[8]。

副兼業に対して企業側はポジティブ(積極的)な期待を主とする一方、労働者側は、経済的理由を主として副兼業を求める傾向があり、キャリアを積みたい（9.0%）、スキルアップしたい（15.3%）[9] などのポジティブな理由は少ない傾向であり、国の施策とは相反している。ここで、副兼業に対する期待・価値を理由として、企業側が求める副兼業を「積極的副兼業」、それに対して労働者側が求める副兼業を「消極的副業」と呼ぶことができるが、副兼業の類型の視点で捉えると、企業側からする「消極的副業」とは「雇用×雇用」であり、労働者からみて「積極的副業」は「雇用×雇用」なのである。

国が求める「副兼業の普及促進」の目的達成のため、労使双方にとっての「積極的副兼業」の意義、喫緊の課題である人手不足の解消や、満70歳までの継続雇用の高年齢雇用安定法の改正など、時代の流れを踏まえ、そのキャリア形成を「雇用×雇用」による企業に求めるだけでなく、各個人の「キャリア教育」「起業家マインドの育成」を、国がサポートすることも必要である。ただし、「雇用×雇用」の副兼業についての取り組みについて、企業が充実した取り組みが行えるようサポートできるのが、私たち社会保険労務士であると確信している。

注

1）副兼業は「２つ以上の仕事を掛け持つこと」をいう。
　「副兼業の促進に関するガイドライン」（厚生労働省、2020年11月）。
2）副兼業｜厚生労働省（mhlw.go.jp）。
3）ヘンリー・チェスブロー（2003年、UCバークレービジネススクール）。
4）同注２。
5）１週間の所定労働時間および１カ月の所定労働日数が同じ事業所で同様の業務に従事している通常の労働者の４分の３以上（健康保険法第３条、厚生年金保険法第12条、2016年10月１日施行）。
6）日本マンパワーグループ調査　2020.4。
7）第132回　労働政策審議会安全衛生分科会（令和２年８月19日）。
8）実際に、厚生労働省が副兼業の成功事例としてあげているのは「雇用×非雇用」である。点からも、ガイドラインの機能性に疑問である。
9）日本マンパワーグループ調査　2020.4。

（**筆者**＝社会保険労務士）

書　評

1．片渕卓志著
『トヨタ品質管理のメカニズム』

島内　高太

1．片渕卓志著『トヨタ品質管理のメカニズム』（晃洋書房、2019年）

Takashi KATAFUCHI, *Mechanism of the Quality Management in TOYOTA.* Koyoshobo.2019

島内　高太 SHIMAUCHI Kota

Ⅰ　本書の問題意識と課題

日本企業は「品質クライシス」に直面している。製品・部品に関わる一連の事故・不正によって日本製品の品質に対する信頼が揺らいでいるのだ。そこで本書は、日本の産業界をリードしてきたトヨタ自動車（以下、トヨタ）の品質管理に今一度目を向け、「そもそも日本企業がどのような品質管理・品質マネジメントを行っているのか、そしてそれはどのように変化してきたのか」(p.5)、その原点を豊富な資料と当事者へのヒアリングから探求する。

とはいえ、トヨタの品質管理については既に相当の研究蓄積があるのではないか。著者によれば、それでも課題は残されている。先行研究は、製造現場の品質管理活動を職場の自律的・自主的活動と理解する傾向があり、それを支える経営管理機構の分析に乏しいという。

こうして本書は、トヨタの品質管理メカニズムに経営管理の側面からアプローチする。具体的な研究課題は、本社と工場そして専門スタッフと現場組織の業務分担・職務権限を分析し、製造現場の問題点を改善につなげていく機構を解明することだ。また、それを通じて「構想と実行の統合・分離」という経営管理思想の論争にも決着をつけようとする。

なお、本書の研究対象は主に1960年代のトヨタである。著者は全社的品質管理（TQC：Total Quality Control）の展開を、その導入期（～1960年代：先進的企業でTQCが確立される）、発展期（～1980年代：TQCが普及して日本製品の品質改善が進み、評価が高まる）、動揺期（1990年代～：リコール増加が顕著になり、日本製品の品質への信頼が揺らぐ）の3つに時期区分し、導入期に注目している。トヨタはこの時期、乗用車専用工場の設立に見られるように量産体制を確立した。その過程で生じた品質問題への対応がTQCの導入であった。1960年代はトヨタ品質管理の原点なのである。

Ⅱ　本書の構成

本書は、はしがきと終章を含めた8つの章で構成されている。はしがき、第1章「日本企業における品質管理――研究の課題と方法――」、第2章「量産成立期研究の重要性――トヨタ生産方式の生成――」、第3章「統計的品質管理の日本企業への導入過程――1950年代までの展開――」、第4章「戦後の自動車工場の変化――工場の変化と品質課題――」、第5章「量産化と品質管理組織の確立――スタッフ部門、検査工程・検査係の役割――」、第6章「製造現場における品質管理――工程解析の仕組み・QCサークルの誕生――」、終章「日本企業の品質マネジメント」である。

著者は「戦後日本の品質管理活動史など、前半の4章にも重要な章が含まれるが、これらの諸章はメインテーマの前段に位置する。筆者の主たる問題意識は一貫してトヨタ自動車の品質管理活動（第5、6章）にあったから、タイトルは『トヨタ品質管理のメカニズム（機構）』とする」（p. i）と述べている。そこで以下では主に第5，6章を参照し、著者が解明した「トヨタ品質管理のメカニズム」を紹介したい。

Ⅲ　トヨタの品質管理メカニズム

結論を先取りするならば、トヨタの品質管理メカニズムとは、現場監督者・作業者のもつ「構想」能力を完全に排除せず、それを現場の技術スタッフのIE・QC能力と組合せ、品質向上と原価低減を実現する経営管理体制である。このことを、第5章では検査業務にかかわる組織体制について、第6章ではQCサークルの働きについて分析して明らかにしている。

第5章「量産化と品質管理組織の確立」では、1960年代に量産化を進めたトヨタがどのような組織体制で品質管理・検査業務を展開したかが明らかにされている。資料は、トヨタがデミング賞実施賞受審企業として作成した『品質管理実情説明書』やトヨタでTQC推進の責任者を務めた水野崇治氏に対する著者のヒアリングデータが用いられている。

そこから浮かび上がってくるのは、トヨタのライン・アンド・スタッフ制の実態である。当時、生産能力の増大に伴う若年労働力の大量活用で生じた品質問題を背景に、トヨタは検査業務を工場に移管した。現場に近いところで品質を作り込むという考え方によるものであった。製造部でも現場作業員の自己検査や班長の要因チェック・不良品選別が行われるなど製造現場が品質管理の一端を担うようになった。しかし「異常の要因解析や対策の実施は技術員や工長・組長の職務権限であって、班長・作業員は対処を行う権限は持っていなかった」(p.150)。現場監督者と工場スタッフ部門の連係がカギを握っていた。

つづく第6章「製造現場の品質管理」では、工場ライン部門がQCサークルを通じてスタッフ業務（品質管理、原価改善など）にどのようにかかわっているかが明らかにされている。資料は『1965年度デミング賞実施章受賞者報告講演要旨』、『現場とQC』誌掲載の現場監督者の論文などが用いられている。そこではまず、工場スタッフ部門である技術員室が中心となって重要品質問題を決定し、ラインへのQC教育を実施し、そのうえで現場監督者による各種QCサークル組織に品質改善を実施させていたことが指摘されている。

では、QCサークルは品質管理にどのように関与するのか。評者は「QC工程表」の作成・改訂に関する分析が興味深かった。「QC工程表」は、品質保証に必要な事項が記された帳票で、作業標準のベースになる。その大もとになる部分は技術員室が作成する。QCサークルは、同表記載の「管理水準」(技術員室とライン工長が決定する品質保証の指標で、本社が定める製造基準よりもレベルが高い) を向上させるために、不良要因を検討し、対策を打ち、作業標準の改訂を行う。このように、トヨタの製造現場は、工場スタッフ部門との連係のなかで、QCサークルを通じて品質管理という「思考部分」の業務に関与していた。

第5章、6章を読むことで、上記のような1960年代トヨタにおける品質管理の経営管理体制が、品質管理スタッフを会社中央に集中化せず工場に分散配置し、またスタッフ層に権限を集中化せずライン担当者に権限委譲した結果、現場監督者の品質意識の向上と工程改善能力が蓄積されたことで形成されてきたことを理解できる。

それにしても、なぜこうした仕組みが採用されるようになったのだろうか。著者は「量産体制の急速な確立と品質性能の抜本的向上とが同時並行で進められる必要のあった1960年代前半の時期において、製造現場から『構想』部分を完全に排除することは市場の求める製品を提供する上で得策ではなかったことによる」(p.180) と指摘し、「このスタッフ業務を現場監督者が担う慣行を筆者は日本企業の生産力基盤と表現したい。現場監督者の能力が国際競争力の源泉であると考えるからである」(p.188) と強調している。

Ⅳ 本書の意義と論点

本書の学術的意義は、第1に、トヨタの品質管理メカニズムを経営管理の視点から解明したことである。具体的には、本社と工場の関係、スタッフ部門とライン部門の関係に注目し、品質管理をめぐる業務分担・職務権限を明らかにしたことである。それは、現場監督者と技術員室 (工場スタッフ部門) の相互関係を詳述した点によく表れている。著者はその研究内容を根拠に、「構想と実行の統合・分離」の論争について「構想と実行の部分統合」の見解を打ち出している。

第2の意義は、品質管理の業務分担を明らかにするために、「QC工程表」や「作業標準」といった帳票類に注目していることである。「標準」に関わる帳票類は、工業製品の量産や品質管理にとって必要不可欠の管理手段である。そうした帳票類の作成･改訂に対する現場組織の関与の仕方を詳細に研究しており、トヨタの品質管理の特徴を明らかにすることに成功していると思われる。

第3に、上記のような品質管理メカニズムへの経営管理アプローチは、海外の改善活動研究に対する優位性をもつ可能性がある。岩尾［2021］が指摘するように、近年、海外では改善活動に関する研究が盛んなようであるが、実践ですぐに役立つものとしてコンセプト化される傾向があり、改善活動を支える組織全体のマネジメント研究は不十分だという。それはまさに本書の守備範囲であろう。

最後に、評者から2つの論点を提起したい。第1の論点は、1960年代品質管理メカニズムの継続性についてである。著者は2000年代に実施したトヨタ労働者へのインタビューから、1960年代と2000年代のトヨタ品質管理は基本的には変わっていない、「軸はぶれていない」(p.ii）と述べる。しかしその後、トヨタはリコール等の品質問題を含む多くの課題に直面して経営システムを発展させてきたと考えられる。著者が明らかにした従来型のトヨタ品質管理メカニズムの変化について詳細な研究が必要であろう。

第2の論点は、品質管理メカニズムを機能させるための労務管理の問題である。現場「構想」力の活用がトヨタ品質管理メカニズムの重要な要素である以上、労働者のモチベーション管理やインセンティブ設計も大切になるだろう。しかし2000年代に発表された参与観察研究（例えば伊原［2003］）には、QCサークルの停滞を指摘するものもある。サークル活動が活発ではない、あるいは現場労働者がサークル活動に意欲を持てないという事実があるとすれば、それは現場レベルの品質管理にとって大きな問題ではないだろうか。

以上の論点は、著者が設定した研究課題や射程を超えるものであり、本書の価値をいささかも損なうものではない。本書は、トヨタ自動車の品質管理がどのような経営管理機構で支えられているのか、それがどのように生まれたのか、貴重な資料とヒアリングから解明している。その学術的貢献の大きさを改めて強調したい

参考文献

伊原亮司［2003］『トヨタの労働現場――ダイナミズムとコンテクスト――』桜井書店。
岩尾俊兵［2021］『日本‘式’経営の逆襲』日本経済新聞社。

（**筆者**＝拓殖大学）

2020年度
労務理論学会賞（学術賞）選考審査委員会報告書

黒田兼一『戦後日本の人事労務管理
——終身雇用·年功制から自己責任とフレキシブル化へ——』
（ミネルヴァ書房、2018年）

2020年度労務理論学会賞（学術賞）候補著作として会員より推薦された黒田兼一『戦後日本の人事労務管理——終身雇用·年功制から自己責任とフレキシブル化へ——』（ミネルヴァ書房、2018年）につき、労務理論学会賞規定に基づき選考審査委員会が組織された。選考審査委員会は、本著作が選考審査の対象になりうることの委員全員の一致の下に選考審査に入り慎重審査の結果、本著作が日本の人事労務管理研究の水準向上に大いに寄与し、労務理論学会の活性化と発展に貢献する研究書として、2020年度労務理論学会賞（学術賞）を授与することを委員会の総意で決定した。選考審査委員会における評価と質疑の概要は以下の通りである。

第１に、本著は、戦後から現代にいたる日本の人事労務管理の歴史的展開過程を労使関係の視角から究明した研究書である。戦後の人事労務管理の展開過程を日本の経済変動の画期に合わせ、① 戦後復興期（1945～1955年）、② 第１次高度成長期（1955～1964年）、③ 第２次高度成長期（1965～1972年）、④ オイルショックと低成長期（1973～1991年）、⑤ バブル崩壊と平成不況期（1992年以降）の５つの時期に区分し、戦後復興期の生産管理闘争、経営協議会における労働者主導の労使関係から、日産大争議・日産プリンス合併を転機とする労使関係の資本による包摂の過程を経て、「民主的」外皮をまとった「協調的労使関係」の形成と経営者主導の人事労務管理制度の現代にいたる展開過程を詳細に分析することによって、日本的人事労務管理の特質とその根底に流れる原理を析出するという難題に挑戦した意欲的な著である。

第2に、本著は、「終身雇用･年功制から自己責任とフレキシビリティへ」というサブタイトルに示されるように、戦後の労使の合意による終身雇用･年功制の処遇制度から高度経済成長期を通じての能力主義処遇への転換、さらにバブル経済崩壊を契機とする終身雇用･年功制の廃棄と労働者の「自発的合意」による経営者主導のフレキシブルな管理制度への展開について、『能力主義管理』(1969年)、『新時代の「日本的経営」』(1995年) という日経連の2つの報告書を資料としつつ理論的･実務的に詳細に分析し､労働者の｢働かせ方｣がディーセントなものからますますかけ離れていく日本の人事労務管理の実態（とくに第7章、終章）を明らかにした。その意義はきわめて大きい。

第3に、労使の「合意形成システム」として展開されてきた日本の人事労務管理は、じつは「労働者の動員システム」において労働者の自発的「受容」を獲得するシステムとしては必ずしも成功してはこなかったということ、いわばアメリカから学んだ技法を日本の人事労務管理に適用しようとする試みが日本的修正を余儀なくされてきたこと、これを賃金管理、雇用管理の具体的展開に現れる「ヒト基準」､「仕事基準」というシステム理念との関係から論究し、現代の人事労務管理研究の喫緊の課題である「自己責任とフレキシブル化」にいたる戦後日本の人事労務管理史を丹念に分析した意義は大いに評価できる。

以上、選考審査委員会において評価された主要な3点についてのべたが、議論の過程で若干の論点が出されたのでこれらを列記すると、第1に、以上にのべたアメリカ型人事労務管理の導入に失敗し、つねにこれの日本的修正を余儀なくされてきた日本の人事労務管理の評価についてであるが、重要なことは何が、いかなる要因（価値観や判断基準）が日本の労働者の「働き方」の底流にあって、それが戦後の日本の人事労務管理のありように影響してきたのかということである。この点についての著者の明確な回答は得られていないのではないか。本著の「はしがき」で「この難題に取り組むことが本書のもう一つの挑戦である」と位置づけられていることからもいま少し踏み込んだ記述があっても良かった。第2に、終章においてディーセントワークの実現について論じられているが、「日本の現実に根ざしたディーセントワーク」とは何かについて明確な記述がなされていないだけでなく、「自己責任とフレキシブル化」からの脱却やディーセントワークの実現は「職場の労働組合と人事労務管理担当者との、真摯な労使交渉によるしか道はない」とする見解は、理解できるものの何か唐突の感がある。第３に、本著では人事労務管理を「賃労働者を企業に引きつけて、労働を強制するための、計画･組織･指揮･統制の体系」と規定しているが、その規定のために人事労務管理の対象論争は当然としても、管理の概念論争にまで議論を拡大する必要があったのか。第４に、第２章、第３章において戦闘的労働組合を民主主義の名の下に放逐するプロセスが日産・プリンス自動車の事例から重厚に描かれているのであるが、本著の問題意識からすれば現代にいたる日産自動車の人事労務管理の実態について言及があっても良かったのではないか。

しかしながら、これらの論点は本著の主旨、著者の本意への誤解や「無い物ねだり」に類するものであり、本著の学術的価値をいささかも低めるものでないことは明らかである。本著は日本の人事労務管理研究に新たな金字塔を築いたといえよう。

労務理論学会賞（学術賞）選考審査委員会
委員長　坂本　　清

2020年度
労務理論学会賞（奨励賞）選考審査委員会報告書

仲地二葉「管理監督者として扱われる『管理職』の働き方」
『労務理論学会誌』第 29 号掲載

事務労働者や管理的職業従事者において過労死・過労自殺が増えている。本稿では、ホワイトカラー労働者の自律性とは何か。その特徴を、労働基準法第41条２号の管理監督者該当性が認められた判断と認められなかった判断に分類した上で詳細に検討している。

管理監督者として扱われる管理職の実態について、労務行政研究所［2013］、日本労務研究会［2005］などの先行研究がある。労務行政研究所［2013］は、課長クラス以上の労働者であれば、自動的に管理職扱いされていると分析している。他方、日本労務研究会［2005］は、課長クラスには労務管理の方針などへの決定権がほとんどない点を指摘している。本稿は、これらの先行研究の延長線上に位置すると考えられる。

本稿では管理監督者該当性が争点となった裁判例を仔細に分析し、判決では正社員の採用権が重視されていることを指摘している。採用権の有無は、要員管理や当該労働者の働き方の自律性を左右するからである。本稿の特長は次の２点である。

第１に、労働基準法第41条２号に規定された管理監督者該当性について、判例を緻密に分析することを通じて、その要諦が「正社員の採用をめぐる裁量の有無」にあることを明確化している。

第２に、管理職には、１）経営方針についての決定権をもつ管理職、２）一定の裁量と権限をもつ管理職、３）裁量および権限が極めて限定的な管理職、４）非監督職という階層性があることを明らかにしている。

このように、本稿で示された分析・結論は、課長クラスに権限がないとする先行研究の形式的分類を乗り越えている。また、「管理職」と呼ばれるホワイトカラー労働者の働き方の実態に迫っている。その点で当該分野の研究に新たな知見を生み出していると考えられる。

審査の過程では、本稿の課題も指摘された。たとえば、II節の「2　管理監督者該当性が容認された判例の分析」で検討された料理長Cと部長Eの事例は、図1（132頁）のどこに分類されるのか。おそらく「一定の裁量と権限をもつ管理職」に分類されると考えられるが、図では「一定の裁量と権限をもつ者」は、法律上の解釈で「非管理監督者」にされている。図と本文の分析が十分にリンクしていないなどの指摘である。

また今後の課題として次の2点を指摘したい。第1に、管理監督者以外のホワイトカラー労働者に、裁量労働制を拡大適用していく動きがみられることから、研究者の立場から、裁量労働性の適用対象者の条件として「権限」「自律性」などにおける具体的な規定を明示することである。第2に、サービス産業を中心として管理職の役割・負担は増大しており、判例分析に加え、特定の産業を事例とした実証的な研究を進めていくことである。

以上のような課題はあるが、本稿は問題意識が明確で、先行研究の形式的分類を乗り越えている。またホワイトカラー労働者の自律性というきわめて現代的なテーマに踏み込んでいる点も好感を持てる。研究奨励賞の趣旨に照らし、氏の研究は、今後の研究の展開におおいに期待のもてる水準である。選考委員会として、研究奨励賞に値すると評価する。

労務理論学会（研究奨励賞）選考審査委員会

委員長　永田　瞬

――『労務理論学会誌』投稿論文の募集について――

労務理論学会誌編集委員会

『労務理論学会誌』第32号（2023年２月発行予定）に掲載する投稿論文を下記の要領で募集します。会員であれば大会報告者ではなくても投稿することができます。また、社会人の会員の方を対象に全国大会に社労士セッション等もあり、社会人の方も積極的に学会報告や学会誌投稿をお願いします。投稿を希望する会員は、下記の（1)、(2)、(3）に従って、原稿を電子メールもしくは簡易書留でお送り下さい。

(1) 論文の種類：論文の種類：研究論文、研究ノート、書評、その他
(2) 提出期限：研究論文、研究ノート　2022年８月15日（月）
　書評、その他　2022年10月11日（火）

【投稿論文送付先】
〒770―8542　徳島県徳島市山城町西浜傍示180
徳島文理大学総合政策学部内　齋藤　敦宛
E-mail : asaito@tks.bunri-u.ac.jp

(3) その他：
論文は筆者名を厳密に秘匿して審査されるため、投稿者は本文中に執筆者と分かるような記述（氏名など）を避けるように注意してください。
また、論文は問題意識の明確さ、先行研究の提示と当該論文の独自性、論理の一貫性、表現の明確さ、研究倫理への配慮等を基準に審査が行われます。投稿希望者は、労務理論学会ウェブサイトないしは労務理論学会規定集の「投稿規定」の項目をご一読のうえ、その要項にもとづいて、上記の基準を考慮して投稿して下さい。

──「労務理論学会誌」投稿規定──

第１条（投稿資格）
投稿者は原則として本学会の会員とする。

第２条（原稿の種類）
投稿原稿は、本学会の目的に即したテーマで、原則として、日本語で書かれた単著の、研究論文、書評、研究ノート、研究動向などを含む未公刊の研究論文等とする。

第３条（著作権）
掲載された論文の著作権は、労務理論学会に帰属する。本誌に掲載された論文を執筆者が他の出版物に転用する場合は、予め文書によって編集委員長もしくは会長の了承を得なければならない。

第４条（書式と字数）
原稿は、原則として、ワープロによる横書き和文とする。字数は、本文・注・図表・文献リストを含めて、研究論文は13,000字（40字×40行で８頁+５行）以内、研究ノートは10,000字（40字×40行で６頁+10行）以内、書評、その他5,000字（40字×40行で３頁+５行）以内とする。

第５条（記入禁止事項）
原稿の表紙に投稿者の氏名、住所、所属機関を記入し、原稿自体には執筆者と分かるような記述（氏名など）は一切しないものとする。

第６条（原稿の締切）
研究論文、研究ノートの締切は、毎年７月15日とする。書評、その他原稿の締切は、毎年９月10日とする。ただし、全国大会の開催日に応じて、編集委員会が必要と認める場合は、締切日を編集委員会の責任において決定し通知する。

第７条（原稿の送付）
投稿原稿は、指定されたファイル形式（Microsoft Word、PDFなど）でEメールに原稿ファイルを添付して学会誌編集委員長宛に送信するものとする。なお、正一部、副一部をプリントアウトし、DVD-R、USBフラッシュメモリなどの記録媒体とともに学会誌編集委員会委員長宛に送ることもできる。

第８条（採否の決定）
投稿原稿の『労務理論学会誌』掲載の最終決定については、学会誌編集委員会が所定の審査を経て原則として毎年９月末日までに決定する。

第９条（校正）
採用原稿の執筆者校正は一校までとする。なお、校正時における加筆および変更は認めない。

第10条（原稿の返却）
投稿原稿は採否に関わりなく返却しない。

第11条（原稿料）
原稿料は支払わない。

第12条（改訂）
編集委員会は、理事会の承認を得て、本規定を改定することができる。

附則
編集委員会からの依頼論文については、別途、編集委員会からの指示による。

（施行期日）この規定は、1999年10月1日から施行する。
（改訂）2000年9月8日（第5条）
（改訂）2001年6月9日（第3条および第5条）
（改訂）2001年12月18日（誌名の変更）
（改訂）2002年6月8日（第2条および第3条）
（改訂）2002年12月18日（第3条の追加）
（改訂）2003年6月14日（第6条）
（改訂）2008年1月31日（第4条および第7条の変更）（第6条）
（改訂）2008年6月13日（第4条の訂正および附則の追加）
（改訂）2019年6月7日（第6条の変更）
（改訂）2019年8月10日（第4条の変更）
（改訂）2021年9月9日（第4条、第6条、第7条および第8条の変更）

Labor and Management Review (Roumu-riron Gakkai Si)

March 2022 No.30・31

International Comparison - Study Trend and Prospects of Labor and Management

Published by Japan Academy of Labor and Management
URL : https://jalmsince1991.wixsite.com/home

執筆者紹介

中川　誠士（福岡大学）
山本　大造（愛知大学）
山崎　　憲（明治大学）
五十畑浩平（名城大学）
國府俊一郎（大東文化大学）
伊藤　大一（大阪経済大学）
森川　譯雄（広島修道大学名誉教授）
林　　正樹（中央大学名誉教授）
黒田　兼一（明治大学名誉教授）
谷本　　啓（同志社大学）
清山　　玲（茨城大学）
山口陽一郎（東京都社会保険労務士会）
長井　偉訓（愛媛大学名誉教授）
田村　　豊（愛知東邦大学）
増山　隆司（東京都社会保険労務士会）
園田　京子（福岡県社会保険労務士会）
島内　高太（拓殖大学）

編集後記

現代人の私たちが忘れかけていた感染症の恐怖に怯えていたのは、ちょうど2020年度の全国大会の準備も佳境に入っていた頃であった。この病の実態が掴めず、世界中が混乱していた最中であったため、無念にも第30回の全国大会は自由論題のみのオンライン開催となり、本学会誌も次年度の合併号に繰越となった。

翌2021年度には、満を辞して統一論題や特別企画などを含めた第31回全国大会を開催することができたものの、やはりオンラインでの開催とならざるを得なかった。全国大会という催しの意味を、誰しも再考されたことだろう。日頃お会いする機会のない遠方の学会員と交流したり、互いの熱意を感じながら1つの教室でディスカッションする愉しさは、年に一度の全国大会ならではのものであったように思う。加えて、その大学の雰囲気を五感で味わい、その土地で働く労働者に想いを馳せる経験も、社会科学を研究する者を育ててくれていたのではないだろうか。

一方で、大学で開催する場合、主催校となる会員の方々の負担は、かねてより問題と感じていた。そして、自宅からでもアクセスできるオンライン大会が開催されることで、さまざまな事情で現地には行くことが難しい方も参加することができるようになった。多様性に配慮するという点から見れば、画期的な前進であると思う。

果たして、第32回大会はどのように開催するべきであろうか。当学会に限らず、議論が続くことであろう。オンラインでコミュニケーションすることが一般的となった今後は、学会の開催方法のみならず、働き方も大きく変えてゆくことだろう。不慣れなテレワークやzoom会議、そしてオンライン授業などに戸惑いながら試行錯誤した先には、どのような社会が待っているのか、期待も不安も現在の私たちを取り巻いている。

今回も、第30回・第31回と2年にわたって主催してくださった福岡大学の方々には大変なご苦労をおかけした。学会の長い歴史において初めてのオンライン開催に手探りで取り組み、新しい道を切り拓いていただいた功績は、大いに称えられるべきと感じる。

そして、寄稿いただいた会員の皆様、投稿論文の審査にご尽力をいただいた皆様にも心よりお礼申し上げたい。昨今の大学運営はどこも多忙を極めているし、社会保険労務士も大きな働き方の転換点にあって、各方面から頼りにされ続けた日々であったとお察しする。そのような混沌の中で、無事に学会誌を発行できた幸運に、ただただ感謝するばかりである。

最後になるが、出版していただいた晃洋書房のスタッフの皆様、とりわけ編集部の丸井清泰様には、編集作業で大変お世話になった。学会員一同、編集委員一同、改めて感謝を申し上げたい。

2021年10月20日

早川　佐知子

労務理論学会誌 第30号・第31号 (合併号)

人事労務研究の国際比較
――その動向と展望――

2022年（令和4年）3月10日発行　　定価 本体 3000 円 + 税

編　集　労務理論学会誌編集委員会
発　行　労務理論学会Ⓒ
URL:http://jalmonline. org/
発　売　株式会社 晃洋書房
郵便番号 615-0026 京都市右京区西院北矢掛町7
電　話 075(312)0788 FAX 075(312)7447
振替口座 01040-6-32280
印刷・製本 株式会社 エクシート

ISBN978-4-7710-3588-1